THE ESSEN TIALS

CASE STUDIES

アメリカ版ヴォーグ編集長 アナ・ウインターは『プラダを着た悪魔』で知られる名物編集長。
アイボリーのコートは、黒のバッグとブーツでシャープに。

フランス版ヴォーグ 元編集長 カリーヌ・ロワトフェルドは、タイトスカートとハイヒールを
トレーニングで鍛えたボディで着こなす。

トップモデルとして一世を風靡したイネス・ド・ラ・フレサンジュは、フレンチシックのお手本！
素肌を見せる抜け感で黒の上下でも重く見えない。

貴族出身のカロリーヌ・ド・メグレは女優、プロジューサーなど多彩な才能の持ち主。
黒白チェックのコートジャケットを、黒の小物使いでスタイリッシュに。

生粋のパリジェンヌであるジャンヌ・ダマスは、モデル、女優として活躍する傍ら、'01年から自身のブランドルージュ（Rouge）をスタート。デニムに黒ジャケットの定番スタイルを、シャネルバッグとブーツでクラスアップ。

鮮やかブルーの薄手デニムの上下は、今年ならではのゆったりシルエット。ジャケット単体でワンピースにはおったり、パンツを手持ちのトップとあわせるなど応用できそう。胸元にロエベのレザーエンブレムがポイント。

ジェーン・バーキンの娘ルー・ドワイヨンは、個性的なブルゾンにウォッシュドデニム、とブルーとブラウンの2色で全身をまとめてスッキリと見せているのは、おしゃれ達人の証。

同じくジェーン・バーキンの娘、シャルロット・ゲンズブールは、黒、白、オレンジの3色でコーディネート。
全体的にはラフな感じだけど、ストラップ使いが粋なヒールサンダルで、フェミニンな雰囲気を演出。

一見シンプルな黒のジャケットとスパッツを、着こなしで最先端に！　ジャケットは肩幅が広くルーズなシルエットが今年らしい。
スパッツの上に重ねたレッグウェアと、ポップなヒールのインパクトは大きい。

コペンハーゲン在住のファッションエディターであるジャネット・マドセン。
重くなりがちな黒のロングスカートを、白のトップス、ベルト、シューズで軽やかに。

トレンチコートの着こなし上級者。カフェオレ色のオーバーサイズなコートを、白のボディコンシャスなドレスに合わせ、
チョコレート色の靴とバッグで引き締めている。

174cmの長身を生かしてモデルや女優をこなすアレクサ・チャン。ケープのように大きな襟のトレンチコートを
ジャケットと白いスカートに合わせる個性的なルックもさりげなく見える。

ボリュームのあるニットに、薄手のシルキーなスカートを合わせ、バッグは淡いラベンダー、とパープル系でコーディネート。
シニヨンにまとめたヘアと鮮やかな口紅で大人っぽさを演出。

シンプルなだけに、おしゃれに見せるのが難しいステンカラーのショートコートを、上手に着こなしている例。
中に合わせた黒の質感に変化を持たせるために、光沢がある素材とマットな素材を巧みに重ねている。

女優や映画監督で有名なソフィア・コッポラは、自身のブランドのデザイナーを務めるモード上級者。
シャネルのアイコニックなスーツ、バッグ、サンダルをさらりと着こなしている。

THE ESSENTIALS

「好き」で「使える」服は10年で10着
〜エッセンシャル・ワードローブの作り方〜

森明子　著

序章

「大人のおしゃれは名刺代わりです！」

大人世代のおしゃれは、自分を表現する名刺のようなもの。何をどう着るかで、あなたの個性が伝わる大事なコミュニケーションツールの一つです。洋服や小物使いはもちろん、ヘアメイクや話し方など、第一印象は後々まで残ります。毎回違うテイストの服装をしていると、あなたの印象は曖昧になってしまい印象に残らない危険性があります。

それを回避するためにも、自分スタイルを作ってあなたの個性を印象づけることが大切なのです。

個性と言うとハードルが高く思われるかもしれませんが、自然に伝わる範囲で十分です。あなたのライフスタイルや好き嫌い、仕事の内容やポジション、プライベートを含めた活動範囲などを振り返り、「私ってこんなスタイルかな」という輪郭が見えてくれば十分です。この本を読み進めるうちに、少しずつあなたならではのスタイルが見つかるでしょう。ぜひ一緒にスタイル探しを楽しみましょう。

「外見が醸し出す信頼感、期待感は必須です！」

あなたは初めて会う方のどこを見ますか？

顔立ち、体型、持ち物、名刺、などをチェックするかもしれませんが、一番の決め手はその人が醸し出す雰囲気だと言われています。

服装やヘアメイクが似合っていて独自の空気感を醸し出している人は、雰囲気がある、言葉を変えると「スタイルのある人」と言われます。

私は海外提携誌で仕事をしてきたせいか、外国人と出会う機会が多かったのですが、日本とは流儀が違いました。

初対面の際は名刺交換の代わりに、顔を見ながら握手かハグをします。その一瞬で、相手の熱意や信頼性を判断する事が多いそうです。

肩書より第一印象が決め手なのです。

日本的な名刺の肩書きをベースにしたコミュニケーションとは違います。肩書が持つ権限は理解しつつも、個人が醸し出すオーラやポジティブな姿勢に重きを置きます。場合によっては、肩書が上の人より、信頼できると思った若手をパートナーとして指名してくることもあるのです。日本のような単一言語が当たり前の社会とは異なり、それぞれの国籍、宗教、倫理観などが違うので、あうんの呼吸でわかり合うことは稀です。それだけに、自己表現は大切になります。

海外で仕事する時に「見た目が大切」と言われるのはこうした背景にもよりますが、単に顔やプロポーションの良し悪しが問われるのではありません。

年齢や容姿を超えた自分らしさ（個性）が尊重されます。

その時に威力を発揮するのが、自分の個性を活かした『見た目アップ＝おしゃれ力』なのです。

自己表現として、コミュニケーションの道具として、おしゃれの力をもっと活用してください。

［少ない服でおしゃれになる！　エッセンシャル・ワードローブ］

エルやハーパーズ バザー編集長の時には、パリコレに通い、デザイナーと話し、多くのファッショニスタを見て刺激を受けてきました。

私自身もはじめのうちは、気張って有名ブランドの洋服や靴、バッグを購入し、トレンドを追いかけていました。

クローゼットはいつも満杯なのに、毎朝着る物がさっと決まらず困っていたのです。

ある時、クローゼットを見直して本当に着る服だけを残して処分しました（突然捨てるのは怖かったので、段ボールに入れトランクルームに預けました）。

ところが、その段ボールを開けることなく、毎日が過ごせたのです。納得して選んだ服と小物は出番が多く、組み合わせも簡単。旅や出張の準備も手早くできるようになりました。

おしゃれイコールたくさん買うこと持つことではありません。自分に必要不可欠なエッセンシャル・アイテムを選んで上手に着こなすことが大切なのです。

仕事にプライベートに忙しい毎日を送るあなただけのワードローブを作りましょう！

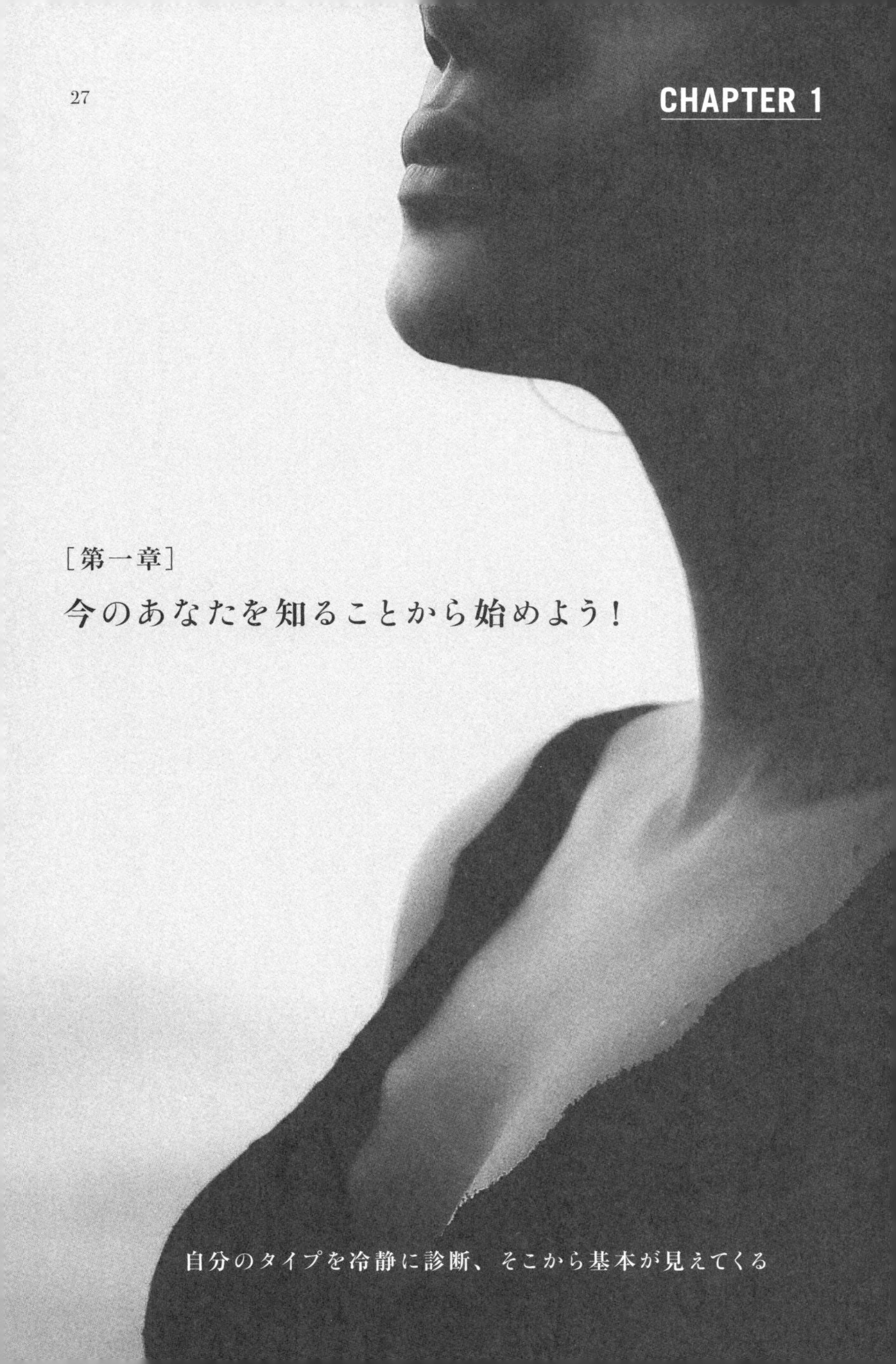

CHAPTER 1

［第一章］

今のあなたを知ることから始めよう！

自分のタイプを冷静に診断、そこから基本が見えてくる

現状把握で必要な服をイメージする

自分の現在のポジションを把握することを、本書で一緒にやってみましょう。

1. 簡単なカルテを作ります（左ページ参照）。

身長
骨格診断のタイプ
パーソナルカラー
トレンド志向度（先端でいたい、程よく取り入れたい、興味ない）
行動範囲（在宅、オフィス通勤、出張が多い、パーティや会食が多い、子供と出かける、ｅｔｃ.

2. 次になりたい自分の姿をイメージします。

アクティブで外交的、知的で仕事ができる、サポート上手で気が利く、ｅｔｃ.

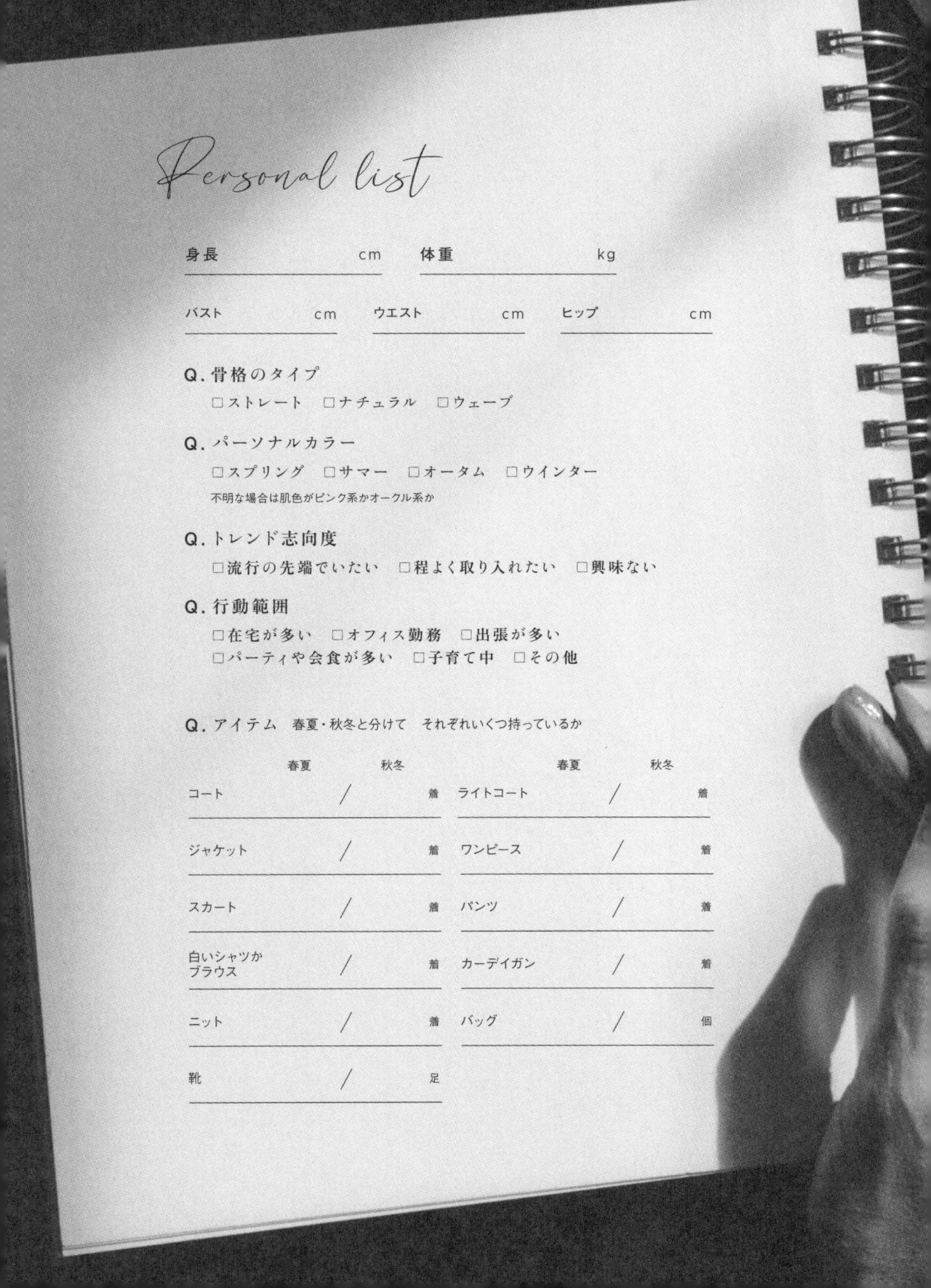

Personal list

身長　　cm　体重　　kg

バスト　　cm　ウエスト　　cm　ヒップ　　cm

Q. 骨格のタイプ

□ストレート　□ナチュラル　□ウェーブ

Q. パーソナルカラー

□スプリング　□サマー　□オータム　□ウインター

不明な場合は肌色がピンク系かオークル系か

Q. トレンド志向度

□流行の先端でいたい　□程よく取り入れたい　□興味ない

Q. 行動範囲

□在宅が多い　□オフィス勤務　□出張が多い
□パーティや会食が多い　□子育て中　□その他

Q. アイテム　春夏・秋冬と分けて　それぞれいくつ持っているか

	春夏	秋冬			春夏	秋冬	
コート	/		着	ライトコート	/		着
ジャケット	/		着	ワンピース	/		着
スカート	/		着	パンツ	/		着
白いシャツかブラウス	/		着	カーデイガン	/		着
ニット	/		着	バッグ	/		個
靴	/		足				

3. 以上をふまえて、自分のワードローブを組み立てます。

その際に大切なのは、自分の良さを最大限に引き出すこと。「もう若くないし、スタイルも良くないし、美人じゃないし」など「し」を乱発してはいけません。

背は低いけどバランスが良い、
メリハリが利いた身体は外国人並み、
ぽっちゃりしているけど手首足首が細い、
髪や肌がキレイといわれる、
など長所を見つけて最大限に活かします。

骨格診断とカラータイプで自分スタイルを探す

おしゃれを楽しむ時に悩ましいのは、好きなものが似合うとは限らないことです。
ファッションスナップで見たモデルを真似して、デニムにTシャツとスニーカーを身に着けても様にならないのは、体型が違うから。

私は以前、モデルに人気のリーバイス501を試してみましたが、全く似合いません。厚手のデニムなので腰回りのボリュームがでる上、ストレートなシルエットにより骨格があらわになり、ちびデブに見えてガッカリしました。

ところが薄手デニムのフレアタイプにフィットしたTシャツを合わせて上半身をコンパクトにして、8センチのウェッジヒールで底上げすると、膝から下が長く見えてバランス良くなりました。ジーンズひとつとっても、似合うバランスを探すのは大変だと実感しています。

様々なアイテムの着こなしを試行錯誤する事はとても大切。結局おしゃれに見えるのも、見えないのも、小さな工夫の積み重ねなのです。

自分に似合うものを知るには、まずは着ていて自信が持て、人からも褒められるのは、どんな服のときか？　色、柄、着こなしを思い出して、マイスタイルのイメージを掴んでいきます。

次にかんたんなテストをしてみましょう。2つのポイントをチェックします。

1.　身体の質感

A　筋肉のハリや弾力がある
B　筋肉よりも脂肪の柔らかさを感じる
C　骨や関節が目立つ

2.　身体のシルエット

A　砂時計のようにメリハリがある

カロリーヌ・ド・メグレは、甘めのパフスリーブのブラウスをパンツに合わせて。
シャネルバッグとカルティエの時計でクラスアップ！

B 華奢な上半身で下に重心がある
C 長方形のようなフレーム感がある

Aが多い方は、骨格ストレートタイプで体全体がグラマラスで厚みがあるので、シンプルでクラス感のある服装が似合います。

Bが多い方は、華奢で身体に厚みがないウエーブタイプ。上半身にボリュームつけ華やかに、下半身はコンパクトにまとめます。

Cが多い方は、筋肉や脂肪があまり感じられない身体でフレームがしっかりしたナチュラルタイプ。ゆったりしたカジュアルスタイルが似合います。

骨格タイプによって、似合うシルエットや形が変わります。とりわけボトムスの選び方に役に立ち、ダイエット無しでスッキリ見せられます。

私は、やや骨格がしっかりしたナチュラルタイプと判定されました。ゆったりしたデザインで長さがある格好がスタイル良く見えるそうです。

前述したようにヒップで履くストレートなパンツやミニスカートがスッキリして見えないのは、骨格に合わなかったからでした。ゆったりしたフレアパンツと、くるぶしまでのAラインスカートなら大丈夫。ヒップ、太腿、膝、ふくらはぎと太めのところが隠れるので安心なうえに、背が高くなくてもバランスが良く見えます。

最近はこの丈のスカートやワンピースを購入することが増えました。素足でサンダル、薄手のソックスにスニーカー、タイツにブーツ、と足元は変化しますが、年間を通して着用しています。とりわけワンピースをくるぶし丈にすると、スタイルアップするうえエレガントに見えます。仕事帰りにレストランで会食をするときや、旅先でも重宝するのでオススメです。


もう一つの大切な要素は、色の選び方です。

大きく分けて4種類の肌トーンがあるので、まずは自分の肌色をチェックしましょう。機会があればプロの方に診断してもらうのが良いですが、おおまかに知るなら「パーソナルカラー診断」をネットで見ることができます。

各社で独自のフォーマットを作っています。

たとえば資生堂の診断は、イエローベースとブルーベースに分類された後に、春、夏、秋、冬のトーンに分かれます。それぞれのタイプに合うメイクアップの色や製品が紹介されています。

一方、楽天の診断を受けると、鏡を見ながら肌色、目の色、唇の色、日焼け後の肌色、第一印象など6つの項目があり、同様に4種類に分けられます。似合う色が16種類ずつ提案され、さらにオススメのマスクの色が提案されます。

ショートパンツを格好良く決められるのは、抜群なプロポーションのココ・ロシャならでは！
プラットフォームのサンダルで脚長効果をさらに強調。

またスマホで自分の写真を撮って診断してもらうサイトもあるのでチェックしてみましょう。ヴィセ（Visée）、フェイバー（FAVOR）など。

実際、色の選び方は想像以上に大切です。

同じデザインの服を着ても、色が違うだけで顔が明るく見えることもあれば、くすんで見えることがあるからです。さらに疲れて見える、老けて見える、活気がない、などの悪い印象を与える危険性もあります。できれば自分の肌に合う色合いでワードローブを揃えたいです。持っている服をすべて似合う色に変えるのは無理という場合は、今持っている服を活かす方法があります。

例えば似合わない色のジャケットやコートを着る時には、顔回りに似合う色を持ってきてください。

「イエローベース型でくすんだ色が合わない」と診断されたあなたがグレーのコートを持っているなら、オレンジやイエローなどのスカーフを首元にあしらうと顔映りがグンと良くなります。

スカーフやマフラーがない時や暑い季節なら、メイクアップで調整できます。ファンデーションのトーンを肌に合わせ、似合う色の口紅や頬紅をのせると、さっとトーンアップができるので試してください。

次に気をつけたいのは顔から首、肩にかけてのデザインです。

痩せて首の長い方なら、スタンドネックやタートルネックがお似合いですが、首が短めでポッチャリした方にはオススメできません。首元をシャープに見せるVネックやスクエアカットならスッキリ見えて、艶っぽさも漂います。

首までしか映らない鏡を見ているとバランスがわからないので、全身が見える鏡は必需品です。少し離れて全身を見ることで、髪型やメイクが似合っているか、身体のラインが美しく見えるか、バッグと靴のバランスは適切か、冷静になってチェックできるからです。

トレンドの取り入れ方は、年齢と職業で決まる

毎シーズン生まれるトレンドとは、どう付き合うのが良いでしょう？

世界のデザイナー達が創意を競い合うトレンドは、アイディアの宝庫です。パリ、ロンドン、ニューヨーク、そして東京、これらの都市で発表されるブランドだけで２００以上。それ以外の国やエリアを含めると、何千ものブランドがトレンドを発信しています。

洗練されたクチュール風のものから、ストリートから生まれたエッジーなもの、また音楽、アート、スポーツからもトレンドは発生します。

これらのトレンドの中から、まずは自分の好みでピンとくるものを選び、次に年齢と職業に応じて取り入れ方を考えましょう。

自分のスタイルを持つことは、変化を拒んでコンサバになることではありません。むしろ少しずつ自分のスタイルをアップグレードしていきたいですね。

どのくらいトレンドを取り入れるのが良いかは、次のようにします。

縦軸に年齢、横軸にファッション自由度（トレンド許容度）を設定して自分の立ち位置をポジショニングします。

例えば30代でフリーランスなら自由にトレンドを取り入れられますが、50代で会社役員ならトレンドは控え目にした方がいい、という具合です。色や柄のトレンドは、アクセサリーやメイクアップで手軽に取り入れられるので、普段使わない色を試すチャンス！

鮮やかな色や子供っぽくなると敬遠していたパステルカラーも、靴やバッグだけトライしてみる、メイクアップならパステルカラーはまぶたに塗り、アイラインはダークカラーで引き締めるなどメリハリをつけます。派手な色の口紅なら自分が使い慣れたリップに混ぜて塗ってみれば案外なじみます。

「スポーツ」がトレンドテーマの時は、スッキリしたデザインや色使いの商品がたくさん発売されるので、オススメです。おしゃれな水着やパーカを必要なときに探すのは案外難しいからです。ハイブランドでも水着なら手が届く値段です。デザインやカットが美しいので気分もあがります。水辺から上がった後も、合う色柄のパレオを巻けば素敵なリゾートタイムを過ごす事ができます。

私もクローゼットの中にある、こうしたハイブランドのスポーツアイテムを何年も活用してきました。20年以上前に購入したセリーヌのパーカは上品なシルバーのシルク素材で、スリーシーズン活用しました。飛行機内での冷房対策や急に気温がさがる夜の外出などで出番が多く、旅の必需品でした。着古してシルバーの輝きがあせても手放す事ができなかったのは、これに代わる便利な一点が見つからなかったからです。

また以前グッチとボッテガ・ヴェネタで購入した水着はカットが美しく、痩せて見えると言われて気を良くしたものです。

最近では、ハイブランドとスポーツブランドのコラボレーションも盛んです。ステラマッカートニーとの継続的な取り組みをしているアディダスは、グッチ、サカイ、マリメッコ、プラダなど様々なブランドとコラボしています。

私自身もコラボものにはついつい手を伸ばしてしまいます。アディダスのコラボはいくつも買い、トッズとマメ　クロゴウチのコラボでは靴、バッグ、洋服までそろえました。

ユニクロもコラボ上手ですね。売り切れ続出のジルサンダーとの＋j、クリストフ・ルメール、イネス・ド・ラフレサンジュ、カリーヌ・ロワトフェルド、JWアンダーソン、マルニ、マメクロゴウチなど様々な世代とテイストのデザイナーと組んで新規顧客を獲得しています。

一方で気をつけたほうがいいトレンドやアイテムもあります。ミニスカートや、ショートパンツはよほど脚に自信がなければ避けた方が安全です。どうしてもトライしたいなら、ボトムスと同色の厚手のタイツやロングブーツを身につけて下半身をスッキリ見せることです。

もちろんテニスやゴルフをする時は別問題です。体型の悩みなど忘れて、ショート丈のボトムスや普段は着ない明るい色を楽しむチャンスです！

またプリントは慎重に選びたいもの。モノトーンのストライプやチェックは着こなしやすいですが、多色使いの柄は、顔映りと共に全身のバランスを見て慎重に選ぶか、時間を超えて愛される名品と言われる物を選びましょう。

私はプリント物を何点か持っていましたが、いまでもキープしているのは、「色の魔術師」と呼ばれたエミリオ・プッチと、マルチカラーで一世を風靡したミッソーニです。どちらもイタリア独特の鮮やかな色づかいと、身体を美しく見せるシェイプで、気持ちまであげてくれます。

寝不足で顔がどんよりした時、旅先でさっと気分を変えたい時などに重宝します。

その他避けたほうがいいものを挙げてみましょう。

まずは「装飾過多なもの」。あなたのスタイルを良く見せるには、デザインや色で分断されずに、すっきり見えることが大切です。必要以上のフリルやリボン、膨張して見えるシャーリング、ギャザーなどは避けたほうが賢明です。

また「可愛いもの」も危険です。よほど計算して取り入れないと大人の女性からかけ離れていきます。

CHAPTER 2

［第二章］

おしゃれで人生を切り拓く

フランス女優、エディター、デザイナーが教えてくれること

おしゃれはコミュニケーションの道具のひとつです。

言葉を超え、視覚に訴えて、感性で繋がることができる便利なツールなのです。とりわけ初対面における重要性は大きく、仕事の成否や人事の採用をも左右する場合があります。

これまで私も、就職や転職の際にいくつかの面接を受けてきました。年齢が上がりポジションも高くなるにつれ、厳しい目でチェックされるのだと体感しました。新卒や20代では清潔感や順応性が重視されますが、管理職の場合は仕事への姿勢や自己表現力が試されます。

一番緊張したのは、エルの編集長の面接の時です。一次はヘッドハンターとホテルのカフェで会い、次は出版社の日本法人社長と会員制クラブのラウンジで。そして最終の場所は、アジアのヘッドクオーター、香港で行われました。とても厳しいと評判の女性社長は、特に服装にうるさいと聞いていたので、何を着ていくか迷っていました。

同行する日本法人の社長に相談すると「シックな格好が好まれる」とのこと。ファッション誌編集長だからトレンド最前線の格好が良いわけではなさそうです。

散々迷った結果、シルエットが美しいジルサンダーの黒いシャツワンピースを選びました。私のワードローブの中ではいちばん控えめな服です。アクセサリーも控えめにしてビジネスウーマンらしい雰囲気にしました。髪型はシャープなボブで日本人らしさを出し、メイクはファンデーションを薄めにして眼元だけ黒のアイラインを引きました。

インタビューの対応で多少英語の間違えはしましたが、無事に採用！

洋服選びを含めた雰囲気作りが、後押ししてくれたようです。自分のスタイルを活かしつつ、相手の好みや価値観を尊重する考え方は、仕事相手であるクライアントと面談する時にも応用しました。

はじめの挨拶で心を開いてもらえれば、その先の交渉や取材がスムーズに進むからです。特にファッション関係の経営者やデザイナーと会うときは気を遣います。そのブランドのものを身に着けるのがベストですが、最低でも競合ブランドの商品は持たないよう心がけました。ちょうど良い服が見つからなかったら、日本のブランドやビンテージを身に着けると、そこから話題が生まれることもありました。

多くの海外デザイナーは、日本の伝統的な素材や手仕事、また世界一と言われるデニムの加工技術に興味を持っているのです。詳しく尋ねられるたびに、自分の知識不足に冷や汗をかきました。

採用する立場でも多くの方を見てきました。じっくり時間をとって話ができれば、個々の才能やセンスをキャッチできますが、グループ面接や短時間のインタビューで瞬時に判断される時こそ自己表現は大切です。

初めての面接で大切なのは程良く目立ち印象に残ること。はじめの1～2分で興味を持ってもらい一緒に仕事をしたいと思ってもらうのがベストです。その際似合わない色やデザインの服であなたの魅力を半減させてはいけません。好印象を与えるよう似合う服を選び、ヘアメイクも自然にしましょう。

自分らしいスタイルで臨めば自然とリラックスできて、あなたらしく話ができるはずです。

面接だけではありません。新しい仕事先との打ち合わせ時に心がけたいのは、先方が期待している役割やイメージにマッチしているかどうかです。リーダーシップを期待されているか、クリエイティブな感性を期待されているか、役割を反映した服装や身のこなしを心がければ、プロとして一目置かれる事は間違いありません。

［フランス女優の意志ある着こなしがお手本］

フランス、特にパリは女性を美しく変える地だと思います。

この国に生まれた女性も、他国から移ってきた女性も、いつしかフランス人女性として形成されます。

ここでは骨の髄までフランス女優のドヌーヴと、英国人からフランス女優になったバーキンについて書きたいと思います。

カトリーヌ・ドヌーヴの若い頃は、映画でしか見たことがありませんが、まばゆい光を放っていました。

幼い頃に母に連れられ映画館で見たのは『シェルブールの雨傘』。金髪の若く美しいドヌーヴの姿は、鮮烈な印象でした。非の打ち所がない顔立ちとエレガントな佇まいは、20歳そこそこの女性とは思えませんでした。新作ごとに監督や共演者と恋に落ちたと言われていますが、いちばん印象的だったのはマルチェロ・マストロヤンニとの共演作『ひきしお』です。

海辺で過ごす愛人との日々で、最後は愛犬に嫉妬して殺めてしまう女性の狂おしさは、ため息が出るほど艶やかで美しかったです。マストロヤンニへの愛がほとばしっていて、こちらまで発熱しそうだったこと覚えています。

そのカトリーヌ・ドヌーヴを、フィガロジャポン創刊パーティに招聘した時も、いつも変わらぬ表情に感心しました。淡々とイベントの式次第を聞き、マイペースで時を過ごしています。まさにクールビューティという言葉がぴったりの余裕ある様子に、一同魅了されました。特に男性陣からの絶大なる歓迎フィーバーは忘れることができません。

フランス女優の代表がカトリーヌ・ドヌーヴなら、ジェーン・バーキンは、フランスで愛されたコスモポリタンかもしれません。２人の共通点といえば、愛に生きたこと、パリの中でも左岸が好きで住んでいたことでしょうか。

ジェーンとは、仕事を超えて関わることができラッキーでした。日本には何度も訪れてくれ、いろいろな企画をご一緒しました。その度に彼女の素の愛らしさと、優しさに心動かされたものです。

正直なところ、20代でセルジュ・ゲンズブールと付き合っていた頃のジェーンのことは、それほど興味はなく、スタイルが良い個性的なおしゃれさん、と思っていました。共通の知人、村上香住子さんと仕事をするようになったお陰で、バーキン一家が身近な存在となったのです。

パリ特集ではシークレットアドレスをいろいろ教えてもらいました。私たちが見逃していたビンテージショップやレストランの情報や、おしゃれ指南は貴重で、ジェーンと娘のシャルロットとル

49
Catherine Deneuve
POINT
ボリュームある
髪型の場合は
ハイヒールを履いて
バランス良く。

歳を重ねてもエレガントなカトリーヌ・ドヌーヴは細部にこだわりを感じさせる。
手入れされた髪、ネイル、鍛えた素足にヌーディなサンダルはお見事。

27
POINT
全身ダークカラーで
まとめたら白を
効かせたスニーカーで
軽快に。
Jane Birkin

ジェーン・バーキンはいつでも自然体。エルメスを訪れる時もスニーカーを履いて。
メイクをしなくても素敵に見えるのはさすが！

ーは、何度も誌面に登場してもらいました。大抵は、パリで撮影の遠隔作業でしたが、日本に招待する機会も何度かありました。

中でも、長女ケイト・バリーとは日本のファッションブランドのカタログと、雑誌のタイアップを撮影してもらう仕事で何日か過ごしました。

東京に到着した日、日本料理店の離れを予約し、関係者でウェルカムディナーをした時のことです。ケイトは遠慮がちに現れて、関係者それぞれにお礼の言葉を伝えていました。白いシャツと穿き慣れたジーンズのスタイルはジェーンと同じ。少しずつ箸をすすめながら、撮影のテーマや条件を確認していきます。海外から到着したばかりで疲れているはずですが熱心に耳を傾けています。あれこれ真剣に考えていた様子は今もはっきり覚えています。

次の日から、洋服のチェックとモデルのキャスティングを一日中行っていきました。日本のブランドとの初仕事は戸惑うこともあると予想していましたが、順調に進んでいきます。誠実で真面目な姿勢は日本人に似ていて、とてもスムーズに進みました。ほぼ1週間、毎日一緒に過ごすうちにケイトから相談を持ちかけられました。大好きな日本で写真展を開きたいとのことです。

ケイトの初めての個展を実現したい一心でクライアントを探し、森美術館に打診してみたら嘘のようにさっと決定しました。やはりバーキン一家の人気は絶大でした！

ケイトはとても喜んで帰国して、写真展の準備をして再度来日しました。この時のテーマは「フォーエバーマーク（Foevermark）絆写真展」——夢が叶い喜んでいたケイトの様子、忘れません。

そのケイトが突然自死したという知らせが届いた時の衝撃、いまでも覚えています。パリのアパルトマンから投身した理由、今でも闇の中です。最愛の母ジェーンだけの秘密かもしれません。

ジェーンの来日は何度か同席しましたが、いちばん記憶に残っているのは2011年の大震災の直後の時のことです。日本を襲った災害に、少しでも役に立ちたいと来日したジェーンを、六本木の小さなホテルで待ちました。

いつもの白シャツとジーンズにリュックを背負って現れたジェーンは自分の旅の疲れは見せず、私たちにお悔やみの言葉を何度もかけてくれました。

また、エルの誌面で行ったチャリティーには、なんと歴史的なエルメスのバッグ「バーキン」を譲ってくれたのです！　何十年も愛用していた思い出のバッグをサラリと手放す姿に頭が下がりました。

東北を慰問し、渋谷のパルコ劇場でチャリティーコンサートを行ったジェーン。すべてに同行するのは無理でしたが彼女の深い慈悲の行動に感動しました。人の気持ちに寄り添うジェーン・バーキンの生き方は、セレブの常識を超越しているのです。

彼女の年齢との向き合い方にも驚きました。多くのセレブがアンチエイジングの施術を受けるのが当たり前な時代に、ノーメイクに無造作ヘアで通しているのです。

その後、エルカフェのオープニングイベントに、ルー・ドワイヨンを連れて来てくれました。即興で歌ってくれたときは、ゲスト一同大喜び。セレブ母娘のレアな即興演奏に、観客が道にあふれていたのも良い思い出でした。

「ファッションエディターは歩くメディア」

ハイヒールが運命を開く

女性のファッションでは靴が大切と言われますが、それを体現したのがカリーヌ・ロワトフェルトです（フランス生まれ、エルのファッションエディターを経て、グラムール創刊時にコンデナストに入社。グラムール休刊後ヴォーグに移籍)。有名カメラマンのマリオ・テスティーノとの斬新なファッションストーリーが評判となり、ヴォーグを成功させました。

後日談として聞いたのはマリオからの条件です。ファッション撮影の時、スニーカーにジーンズなど楽な格好で臨むのではなく、ハイヒールを履くことでした。実際のところ何時間もかかる撮影時にハイヒールを履いているのはとても大変で、私には到底できません。モデルでさえ気をつけないと脚を痛めてしまいます。

カリーヌはタイトスカートにハイヒールで撮影に臨み、数々のファッションストーリーや表紙をマリオと生み出していったのです。

数年前に来日したカリーヌに、質問する機会がありました。ハイヒールをどう履きこなし仕事をしたか尋ねると、ハイヒールに耐えられるような脚に鍛えるため、毎朝トレーナーに自宅に来てもらって筋トレをしたとの答えでした!

華々しい成功と美学の陰に地道な努力あり、と感心しました。

ぺたんこ靴で名物スタイリストに

カリーヌのスタイリッシュなハイヒールスタイルとは真逆な靴を好んだのはタマラ・タイシュマ

55
POINT
素肌の抜け感を
際立たせる
レースアップサンダルに
注目!
Carine Roitfeld

カリーヌの鍛えたあげた身体を強調するのは、透け感のあるブラックドレス。
ハイヒールのサンダルでスタイリッシュに。

ンです。彼女は常にフラットシューズを履いていました。しかもビルケンシュトックのような厚底でカジュアルな足元がトレードマークです。

150センチそこそこの身長にぺたんこ靴、穿き込んだジーンズの裾をくるぶしまでまくり、日焼けした肌にショートカットのスタイルは一度見たら印象に残ります。イベントでも撮影の時も移動中も。そして時を経ても変わりません。

ちょうど昨年結婚の報告をインスタにあげていましたが、ウエディングドレスの代わりに、白のウールコートと黒のニット姿は、タマラならではのドレスアップスタイル。パートナーもセーター姿でお似合いのふたりです。

タマラとは何度も仕事をしました。パリでファッション撮影をしたり、日本のライセンスブランドのディレクターを依頼したり。日本以外への出張も多く、一年の半分はパリを離れると聞き、さぞ旅支度は大変なのではと思っていました。

実際はフラットシューズに合うスタイルの服を最小限に選ぶので、荷造りはあっという間とか。空間も時間も節約できる方法を真似したいですが、未だにできていません。ついつい、あれもこれもとトランクに詰め込んでしまう自分に苦笑いです。

ポインテッドトウで日本のビジネスに参入！

イザベル・デュプレは、絵にかいたようなパリジェンヌです。金髪のボブヘアに、ブルーグレーの瞳、古着のシャネルジャケットにジーンズを合わせてパリコレ会場を歩いていました。「写真を撮らせて」と頼むと、自然なポーズで応じてくれました。聞けば以前に日本でモデルの仕事をやったことがあると！

彼女はフランス人ですが、アメリカ版エルのスタイルエディターとしてニューヨークで暮らしていました。フランス人で、アメリカと日本の感覚がわかるレアな存在です。着こなしも、パリ流とニューヨーク流がミックスされていて、日本の読者にも人気がありました。通っぽくなり過ぎないので参考になるからです。

例えばドレスダウンの企画でも、決して崩しすぎずにシックにまとめます。Tシャツにジーンズなら、スニーカーよりポインテッドトゥのフラットシューズを履きアクセサリーをプラス。いろいろな女性が真似しやすい着こなしを、写真の見せ方でスタイリッシュに見せるように工夫していました。

ある時、日本のアパレルメーカーからエルの新しいライセンスブランドを作りたいと相談された時に、真っ先にイザベルが頭に浮かび推薦しました。パリ風デイリーウェアブランド「ユンヌ ヴィ アヴェク エル（une vie avec ELLE)」が誕生しました。

イザベルがよく着ているワードローブにあるような定番アイテムに、各地で買い付けた小物の品揃えは評判でした。日本女性の可愛らしさとエレガンスを、よりカジュアルにクールに表現していました。

表参道ヒルズ、渋谷マークシティ、心斎橋などで展開していました。特に表参道店の内装はユニークで、パープルとシャンパンカラーで近未来的な空間が話題になっていました。

ヴォーグが誇る名編集長

ここまではフランス人女性を中心に書きましたが、おしゃれ達人は国籍を問いません。

特にファッション界で有名な2人のカリスマを忘れるわけにはいきません！

ひとりは『プラダを着た悪魔』のモデルといわれる元アメリカ版ヴォーグのアナ・ウィンターです。

完璧なカットのボブヘア、シャネルのスーツとハイヒールで闊歩するクールな女性が、圧倒的な女王の座に君臨しています。

モード誌の編集長としてさまざまなブランドの服や靴を身に着けると思いきや、アナはほとんどシャネルで通しているのです。自分のイメージを保ち、一定のスタイルをキープして、ブレない印象を与える作戦でしょうか。たしかに、洋服探しもシャネルだけに行って似合うものを探すなら、時間もかからず合理的です。


もうひとりは、イタリア版ヴォーグを長年率いた、フランカ・ソッツァーニです。革新的な雑誌づくりで、ファッション好きからだけでなく、デザインやアートのプロ達に圧倒的に支持をされていました。

波打つブロンドヘアに陶器のような美しい肌と、グレーの目が印象的な小柄の女性でした。その着こなしはいつもシックでした。トレンドをストレートに着ることは少なく、自分なりの解釈を加えたおしゃれ術は、独自のものでした。

ぱっと見ただけではブランド名がわからないのは、彼女ならではの選択眼と着こなしによるもの。いわゆるコレクションの代表的なルックは選ばず、人と被らない服をチョイス。選りすぐりのシンプルで上質なニットやコートをさらりと着こなしていました。

時には母国イタリアが得意とする、美しい色合いのプリントをさりげなく着ていました。フラン

POINT
多色使いのツイードコートはどんな色にも合う万能服。
Anna Wintour

金髪ボブヘアとサングラスと言えばアナ・ウインター。ファンシーツイードのコートをロングドレスに合わせた服てエレガントに。

カのおしゃれ術は、日本人の私達にも参考になります。

背が高くなくても、厳選した素材と色、デザインを選び、足がきれいに見えるパンプスを履くことは、すぐに真似できそうですね。

そんなフランカが２０１６年に66歳で亡くなったときは、世界のモード関係者が哀しみました。デザイナーやブランドはこぞってフランカへの追悼をイタリア版ヴォーグに掲載し、しばらくは喪失感に襲われていました。

フランカの息子フランチェスコ・カロッツィーニが、アナ・ウィンターの娘ビー・シェイファーと結婚したというニュースは、世界のモード誌ファンやフランカの崇拝者にとって、大きな喜びで受け入れられたのです。

［デザイナーに教えられた自由さとリフトアップ法］

私は小さい頃からデザイナーに憧れていました。バービーやリカちゃんでお人形遊びをしていて、お小遣いのほとんどは人形の衣装代に使われました。デパートで母の買い物を待っているときも、人形売り場でずっと眺めていました。着るものが変わるだけで表情が変わる洋服の魔法に魅了されたのです。
さらにデザイナー達の作品をライブで見ることができるファッションイベントが、各地で開催されていました。日本人デザイナーの合同ショー、海外デザイナーの来日ショーなど、チケットを買えば誰でも見られる機会が多かったことも刺激になりました。いろいろなデザイナーのショーを見ているうちに、彼らの素晴らしさを多くの方に紹介できれば、と思ったのです。

ファッション雑誌の編集者を目指したのは、デザイナーの仕事と環境をもっと知りたいと思ったからです。

大学を卒業して初めに入社したのは、世界で一番デザイナーやコレクションに影響力のあるWWD（ウーマンズウェアデイリー）の日本版編集部でした。米国フェアチャイルド社とデザイナーの森英恵さんが合同で始めた新媒体で、年1回は海外から有名デザイナーを招きショーを開催していました。

新人でしたがインタビューをする機会が多くなり充実した日々でした。いま思うと世界的に著名なデザイナーの方に、20代前半の女子が取材するなんて常識ではあり得ません。新雑誌で人手が足りなかったからできたのです。

カメラを抱えて一人で出向くと、アシスタントと間違えられることもよくありました。デザイナーをはじめクリエイターの方々は一見取っ付き難い方が多いのですが、思いきって質問してみると興味深い話が続きます。知ったかぶりしないでシンプルに問いかけることで、予想外の話が聞けてワクワクしたものです。

国内外の多くのデザイナーにインタビューできたことは幸運でした。はじめは緊張してはじまる会話も、好きな話題なら楽しくなります。特に好きな服を作っているデザイナーの取材は、期待と緊張でドキドキです。

新人時代、高田賢三さんにインタビューした時は、学生時代に買った矢絣のワンピースを着ていき場が和みました。「似合うよ」と言ってもらい緊張が解けていろいろなエピソードを聞くことができました。以来30年にわたりコレクションに通い取材しましたが、賢三さんのメッセージはいつも変わりません。

「好きな服を自由に着て楽しんでほしい。
だって人生は楽しむためにあるのだから」

同じようなメッセージをくれたのは、ミラノで個性的なショーを始めたフランコ・モスキーノです。たまたまデビューショーを見ることができ衝撃を受けました。

当時はスーパーモデルブームのはしりで、イネスやリンダなど存在感のあるスターの時代でしたが、フランコは全てのモデルに黒いサングラスと黒のフェルトの帽子をかぶせたのです。はじめはあっけに取られましたが、次第に洋服そのものに集中している自分に気づきます。ある意味彼の作戦に乗っていたのです。

翌日、事務所を訪ねて取材をした時に、この演出に関して聞いてみました。フランコはにやりとして答えたのです。

「顔もボディも良いスーパーモデルに着せたらリアリティがなくなってしまう。

おしゃれを自由に楽しんでほしい。

顔や身体の差なんて関係ないんだ」

日本とイタリア、国籍も文化も違いますが、デザイナーの感性に共通点があります。この2人のデザイナーとはパリの街角でばったり会ったことがありますが、仲間のように楽しげにおしゃべりしていた姿、目にやきついています。今ごろ天国で楽しく語り合っているかもしれませんね。

その後、何百人もの方を取材しました。それだけで一冊になってしまいそうなので、皆さんに馴染みのあるデザイナーの台詞を伝えます。

1990年代、どちらかというとコンサバだったミラノモードに新風が吹きはじめました。様々なブランドが若返りを図っていましたが、中心となったのはプラダとグッチです。

それまで聞いたこともなかったブランド「プラダ」が、ナイロンバッグやレトロシックな靴、モダンな洋服のデザインで話題になっていました。イタリア在住の知人が持っていたナイロンバッグが妙に気になったことは、今でも覚えています。

ミウッチャがデザインしたプラダは新鮮で、私たちのおしゃれ心に火をつけました。ナイロンを取り入れた服やバッグ、レトロなデザインの靴、コロンとした形のバッグなどすべてが魅力的に映ったのです。

彼女のベースとなるのは、親の代から続く自社工場でのものづくりと、ファッションへのあくなき好奇心です。何度かインタビューをさせてもらいましたが、印象に残った言葉は、

「誰かを喜ばせるためではなく

自分が喜ぶものを身に着けて」

ミウッチャは小柄でぽっちゃり体型ですが、自分らしさを知り尽くした着こなしは素敵でした。かたやトム・フォードが手がけるグッチは、まったく違うコンセプト「セクシーでスタイリッシュ」を打ち出していました。ショーや広告でキャスティングするモデルも、完璧ボディのグラマラスな感じです。

ウエストを絞ったジャケット、スレンダーなパンツ、深いスリットのタイトスカート、ハイヒールと着こなしのハードルが高いものばかり！

恐る恐る試着してみると、鏡の中にはいつもと違う私が！　颯爽と歩きたくなる不思議な感覚は、トムのマジックなのでしょう。彼が終始言っていた言葉が耳に残っています。

「強くて格好良い女性が好きだ。

だって仕事で輝く女性はそうあるべきだろ。

自分のために選んで！」

不思議なことに、トムのデザインした服を着ていると身体が締まっていきます。ウエストをマークし、ヒールで颯爽と歩くには正しい姿勢を保たなくてはなりません。

はじめは慣れない着心地、歩きにくいヒールにため息がでましたが、慣れるものですね。特にカーペットを歩くときは安定するので、セレブ達が愛用する理由がわかりました。

その後にトムが手がけたサンローランのシェイプはさらに細身になりました。

完璧なシェイプのジャケット、タイトスカートにサッシュベルトを締めて、15センチハイヒールを身につけると、歩き方まで変わります。パリコレ会場で一度、全身をサンローランでまとめてみたところ、女優に間違えられたのは大笑いですが、普通の女性にでもオーラを与えるトムの服の威力に驚きました。

「自分らしさをそのまま表現するスタイルと、
自分をリフトアップさせるスタイル」

この2つをうまく使いこなすことが大切だと2人の人気デザイナーから教えてもらいました。

［日本人デザイナーのエレガンス］

いろいろなデザイナーを見てきましたが、男女の差は感じます。男性は理想とする女性像を想定してデザインし、女性は自分や共感する女性を想定してデザインすることが多いです。

実際のおしゃれの参考になるのは、女性デザイナーです。私が20〜30代の頃、影響を受けた女性デザイナーは稲葉賀恵《よしえ》さんと島田順子さんでした。

ビギ（BIGI）、やモガ（MOGA）をさらりと都会的に着こなす賀恵さんは、憧れの的！モデル顔負けのスタイルは東京ブランドのイメージアップに貢献したと思います。フィガロジャポン編集時代に、ヨシエ・イナバ（Yoshie Inaba）の服をニューヨークで撮影する機会があり、ご一緒した6日間は本当に楽しかったです。

撮影準備のロケハンからモデル選び、新進写真家（その後は有名になったスティーブン・クライン Steven Klein）との打ち合わせに同席しつつ、昼夜と一緒にお食事をしながら色々なおしゃべりをしました。

賀恵さんのスタイルといえば、自然素材とニュートラルな色が印象に残っています。日本の美意識を感じさせる服を、グレーヘアと薄化粧で着こなし、エルメスの使い込んだケリーを持つ姿はスタイリッシュそのものです。

その後しばらくしてから、洋服作りの第一線からは退かれましたが、着物の本を出されるなど、美意識は健在です。

デザイナー40周年を迎えた島田順子さんは、お会いする度にパワーをいただく、素敵な女性ですが、デビューした時のことを鮮明に覚えています。代官山で初めてのフロアショーは、粋なパリスタイルを体現していました。メンズシャツをアレンジしたストライプのドレスや、シャツにレザーのタイトスカートなど、シンプルなデザインの服をさらりとセクシーに見せたのです。

当時のほかのブランドとは一線を画す感覚に驚きました。

翌日のインタビューは2時間以上におよび、順子さんの生い立ちやパリでの生活を教えていただきました。私が感じたパリ感覚は、所属していたデザイン集団のマフィアで叩き込まれたそうです。

また、パリに渡り恋に落ち赤ちゃんを宿したこと、才能を認められ日本企業にバックアップしてもらったことなど、ドラマのような話ばかり！

今でもショーや展示会でお会いしますが、雰囲気は昔と同じ。リラックスして仕事と生活を楽しんでいる姿を見ると勇気づけられます。

順子さんの着こなしの特徴は、大人の抜け感です。洗い晒しのシャツにデニムスカートや、シンプルなパンツにボーダーシャツの何気ない組み合わせでも、袖のまくり方や、靴の合わせ方で変化がつきます。お気に入りの、パイソンやヒョウ柄のクセありアイテムも長年に亘り拝見していますが、使い込んだレザーは、年を追うごとに馴染んできてビンテージ感が増してきました。

先日、久々に東京で展示会が開催されましたが、テキパキと指示をしていたのは、何と成長した今日子さん。初めてのインタビューで話をお伺いしたフランス人男性とのお嬢さんでした。時の流れは早いものです。

気軽に話す関係ではありませんが、日本で代表的な女性デザイナーといえば川久保玲さんでしょう。私が新人の頃から、ショーや展示会などで刺激を受けてきました。

クリエーションについて、何度か質問したことがありますが、「説明されるより感じて」と言われました。

一般的なインスピレーション源やテーマを説明されることはあまりないので、見る側もいろいろ考え想像しなければなりません。パリコレのバックステージでは海外のジャーナリストの様々な意見に独自の答えを返していました。

川久保さんのご自身のスタイルは一貫しています。革のライダース、ロングスカート、ライダースブーツなど。たまに青山の裏道を歩く姿を拝見しますが、ショーの時と変わりません。

そして何よりも敬服するのは、どんなに成功しても守りに入らず新しいことに挑戦するチャレンジ精神です。

そしてチャレンジが実現できるよう、プールに通って体力をつけようとする姿勢こそ、世界から注目される女性の強さの秘密かもしれません。

デザイナーとしてはもちろん、経営者としての才覚にも脱帽します。

女性デザイナーの歴史は引き継がれています。

コムデギャルソン出身のデザイナーは優秀な方が多いですが、サカイ（Sacai）の阿部千登勢さんの独特なデザインは、おしゃれ心をくすぐります。女性編集者の中で着用率の高さはピカイチで、展示会にいくと仕事用のチェックと、自分用のオーダーで忙しい人とたくさん遭遇します。なかなか自腹で購入しないファッションのプロ達を魅了するサカイの魅力はどこから来ているのでしょう？

コムデギャルソンで養ってきた定型外のデザインと、ベーシック感覚の組み合わせでしょうか？ハイブリッドという形容詞がピッタリな独自スタイルは、いま世界に広がっています。

若手のホープと評されるのは黒河内真衣子さん（マメ）で、三宅一生デザイン事務所の出身です。独特の素材選びとカッティング、絵画的や手工芸的なアプローチは幅広い層に受け入れられました。

新しい時代を切り開くデザイナーの歴史は続きます。

パリジェンヌがおしゃれに見える秘密

初めてパリに行った大学生の時、まず向かったのは憧れのサンジェルマン・デ・プレのカフェでした。座る場所によって値段が違うシステムとは聞いていましたが、いちばん値段が高い道路に面した席が人気です。

大通りに面した席に座っている人々はおしゃべりをしながらも、通りかかる人々のスタイルを何気なくチェックしています。「服は良いけど靴がダメね」「メイクが濃すぎてダサい」「似合わない色の服を着ているわねー」など、シビアなコメントが飛び交っています。

初めてこんな会話を聞いた後は、カフェの前を歩く時に足がすくみましたっけ。

見られることに慣れると自然と姿勢や歩き方は良くなり、コーディネートにも気をつけるようになるそうです。パリジェンヌにとって、出かける前に全身がうつる鏡で靴まで合わせてチェックするのは当たり前なのです。

ヘアやメイクも同様です。いかに自然で何気なく見せるかがポイントなので、顔にはあまりファンデを塗らず、眉を整えてマスカラをさっとつけ、リップバームを塗る程度。

髪も無造作にまとめて後れ毛を楽しみます。

パリジェンヌと話していてよく言われるのが、「日本女性はなぜファンデーションをしっかり塗るの？　肌がキレイなのにもったいないわ」とか「昼間からアイメイクも口紅もしっかりする必要ある？」「みんな似たような髪型やメイクで個性を感じない」ｅｔｃ．何かと違和感を感じるようです。

歳を重ねた魅力は、ビンテージワインのよう

フランス人と付き合っていると、若さに対する姿勢が違うのに驚きます。日本女性は、実際の年齢より若く見せるために多大な投資と努力を重ねます。実年齢マイナス5～10歳を目指してスキンケアやヘアカラーをし、ダイエットとフィットネスで体型を整え、洋服選びにも気をつける女性が多いですが、フランス女性はもっと自然体です。

もちろん肌と髪の手入れは大切にしますが、日焼けは気にせずファンデーションを塗っている人は稀です。昼間は、さっとパウダーとチークをつけ、リップバームを塗り、髪を手櫛で整えるぐらいです。日焼けによるシミやそばかすもあまり気にしません。

以前パリに住む日本人デザイナー、島田順子さんのホームパーティにお伺いした時、パリ在住の方達と話していて盛り上がったのが、日仏の若さへの意識の違いです。日本の女性はもともと肌が美しいのに、更に皮膚科やエステに行って手入れすることに驚いていました。パリジェンヌはそこまで熱心にケアしないそうです。

「東京在住の女性たちが肌の手入れに余念がないのは、照明の違いなのでは」と答えました。

日本では部屋の天井に蛍光灯がついていて頭上から光を浴びるので、顔のシミや皺がはっきり見

えてしまいます。また洗面所では、たくさんの鏡に映る自分の顔に向き合ってしまうので、肌荒れや皺が目についてしまいます。皮膚科でケアをすることや、エステサロンに通うのは特別なことではありません。

一方、パリではあまり蛍光灯は使われず、ポイントの照明が多いので肌のディテールよりも一人ずつの空気感や個性が尊重されます。皺ひとつない若い女子より、経験を積んだ大人の女性が尊重されるのは自然なのです。それだけに、大人の女性たちは外見も内面もバランス良くブラッシュアップする努力は怠りません。

たくさんの服を吟味しないで購入して個性が曖昧になるより、自分にとって心地よくて似合う服と小物を厳選します。

例えば吟味して選んだ黒のジャケットを買ったら、袖丈やボタンのかけ方など細かく調整して着てみます。手持ちの服に合わせてスカーフやネックレスを着けたり外したりして、どんな着こなしがベストか検討します。

自分のワードローブを活用するのはもちろん、時には家族やボーイフレンドの持ち物を借用して着方を検討するのには驚きました。

蚤の市やリサイクルショップも定期的に見て回り、自分が欲しい物をいかに安く買うか努力を惜しみません。カトリーヌ・ドヌーヴが着ていたドレスを買う偶然もあるとはうらやましいですね。

郵便はがき

料金受取人払郵便

小石川局承認

1105

差出有効期間
2024年6月27
日まで
切手をはらずに
お出しください

112-8731

東京都文京区音羽二丁目
十二番二十一号

講談社エディトリアル　行

ご住所	□□□-□□□□		
(フリガナ) お名前		男・女	歳
ご職業	1. 会社員　2. 会社役員　3. 公務員　4. 商工自営　5. 飲食業　6. 農林漁業　7. 教職員 8. 学生　9. 自由業　10. 主婦　11. その他（　　）		

お買い上げの書店名　　市区町　　書店

このアンケートのお答えを、小社の広告などに使用させていただく場合がありますが、よろしいでしょうか？　いずれかに○をおつけください。

【 可　　不可　　匿名なら可 】

＊ご記入いただいた個人情報は、上記の目的以外には使用いたしません。

TY 000015-2205

愛読者カード

今後の出版企画の参考にいたしたく、ご記入のうえご投函くださいますようお願いいたします。

本のタイトルをお書きください。

a 本書をどこでお知りになりましたか。

1．新聞広告（朝、読、毎、日経、産経、他）　2．書店で実物を見て
3．雑誌（雑誌名　　　　　）　4．人にすすめられて
5．書評（媒体名　　　　　）　6．Web
7．その他（　　　　　）

b 本書をご購入いただいた動機をお聞かせください。

c 本書についてのご意見・ご感想をお聞かせください。

d 今後の書籍の出版で、どのような企画をお望みでしょうか。興味のあるテーマや著者についてお聞かせください。

ご協力ありがとうございました。

75
POINT
ヒップや太腿が
気にならない
ワイドレッグ ジーンズ
が人気上昇中。
Alexandra Carl

全身をオーバーサイズでまとめたアレクサンドラ・カール。

ボーイフレンドに借りたような革ジャンとジーンズを、ハート形のバッグで甘さをプラス。

以前パリのガイドブックのロケハンで16区の高級住宅街をまわっていた時のことです。ビンテージショップで所狭しと掛けられたドレスの中に、60～70年代のシャネルやサンローランを見つけた時はワクワクしました！

ドヌーヴやブリジット・バルドーが着ていたドレスかもしれません。自分に合うサイズがあれば幸運ですね。

パリジェンヌにとっては、どこで何を買うか以上に、どう着るかが腕の見せどころ。「センスと工夫で自分だけのおしゃれを探す」ことこそ一番大切にしていることなのです。

CHAPTER 3

［第三章］

エッセンシャル・ワードローブを作る

ほんとうに必要な10アイテムを確認する

POINT
トレンチコートを
上品に着るなら
シェイプの綺麗な
細身のデザインを。

洗練されたトレンチコートは、ボタンの代わりの鳩目がアクセントに。
カロリーネ・ダウルの着こなしのポイントは、大ぶりのサングラス。

ワードローブの整理法についてお話しさせていただきます。

ほんとうに必要な10着に絞る作業は真剣勝負！

今の自分に合うことはもちろん、未来の自分にふさわしい服装を作るからです。

「自分スタイルをつくるにはどんな洋服が必要なのか？」と考える作業は、楽しくもあり大変でもあります。

［必要な10着で1週間過ごそう］

さあ、いよいよ「エッセンシャル・ワードローブ」を作っていきましょう。

エッセンシャルという言葉の意味は、「本質的な」「必要不可欠な」とされます。ワードローブで言うなら、その服がないと困る、毎日に欠かせない、キーとなるアイテムです。

目標は10着！　あなたのクローゼットの中から出番の多い10着をピックアップします。

例えばこんな感じです。

1. スリーシーズン着られる、究極のコート

最近ではコートを着ない方もいますが、温度調節に欠かせないうえ、スタイル作りには重要なアイテムです。

初めの1着はトレンチコートがオススメです。各ブランドから出ているので選択肢が多く、似合うものが探しやすいこと。軍服から派生しているため機能性が高く急な雨や風に対応できること。ベーシックなデザインなので飽きないうえ、着こなしの幅が広いこと。など理由は数え切れません。

選ぶ際には試着をたくさんしましょう。襟の形と大きさ、肩幅、ベルトの位置などはリフォームしにくいので妥協はしません。

コートの長さは好みにもよりますが、スカートやワンピースより10センチくらいは長めにします。パンツが多い方なら、ショート丈も便利ですが2着目用かもしれません。

サイズ感も大事です。オーバーサイズ気味にはおるか、程よくフィットさせたいかを考えながら試着しましょう。

色のトーンは気をつけてください。最もベーシックなトレンチの色はベージュですがトーンの選

POINT
コートは長く
大切に着たいから
飽きのこないで
色とデザインを。
Olivia Palermo

オリヴィア・パレルモが選んだコートは、Aラインのフィット&フレア。
メタルボタンが上品なアクセント。マイクロミニドレスにさっと羽織って。

び方で印象が変わります。肌色を良く見せてくれるトーンをとことん探すために、何度でも試着しましょう。

私はこれまでたくさんのトレンチコートを購入してきましたが、いちばん基本的なベージュは似合いませんでした。顔がくすんでしまい「体調悪いの？」なんて聞かれて、がっかり。色白の友人が着てみると似合い素敵だったので、迷わず譲りました。

自分にぴったりの一点に出会ったのは、バーバリーの本店でした。その時期デザイナーを務めたクリストファー・ベイリーの新作のコートに一目惚れ！　薄いベージュの軽やかな素材はハリのあるシルクです。しかもコーティングしてあるので雨でも大丈夫。このトレンチコートは本当に出番が多く、どんな服にも合わせることができました。擦り切れるまで着たので、次なる1着を探しています。

トレンチコートが苦手なら、ノーカラーやステンカラーを選ぶのも一案です。色もベージュにこだわらず、黒、紺、アイボリーなど合わせやすく顔映りのよいものを選びましょう。

2. オールマイティーなジャケット

1枚はほしいジャケットは、シンプルで長く着られるタイプを選びます。スカートにもパンツにも合わせやすい、テーラードカラーでヒップが半分隠れる丈が一般的です。

シワになりにくい薄手ウールが便利で、同じ生地でスカートとパンツがあれば完璧です。最近はオーバーサイズが流行っていますが、仕事で使う1枚目には向きません。自分のサイズより少しゆとりがあって、動いた時にも美しく見える一枚を探します。

クローゼットにあるジャケットをチェックするのはもちろん、ジャケットが一度に試着できるような売り場で、試してみましょう。腕をまわし、手を上下に動かして、シワやツレが出ないかをチェックします。中に着るブラウス、シャツ、Tシャツ、ワンピースなどの厚みも考慮しましょう。

色は黒か紺を選べばきちんとした印象になり、いざというときに慌てずに済みます。ベースカラーがグレーやブラウン、ベージュの方は、基本色に合わせましょう。

84
POINT
マニッシュな
パンツスーツは
女性らしい色気を
秘めて。
Anastasia Karanikolaov

テーラードのジャケットを、見事に着崩したアナスタシア・カラニコラウ。
シースルーのインナーや、マルジェラのタビブーツなど随所にこだわりが見られる。

いわゆるジャケットは着ない、カジュアルなワードローブの方なら、レザーのブルゾンや、ライダースもありです。Tシャツにはおるのはもちろん、ブラウスやドレスに合わせても素敵です。

3. シンプルで美しいシルエットのワンピース

ワンピースの威力をご存知ですか？

そのまま着れば完成するのでコーディネートに苦心しなくて済みます。またウエストラインがもたつかず、スタイルが良く見えることも嬉しいですね。

年間をとおして着用できるシルクや、レーヨン、ポリエステルなど軽くしなやかな素材のものが1～2枚あれば、仕事にも外出にも使えて便利です。温度調節や着こなしに変化をつけるには、ジャケットやカーディガン、ベストをうまく使いましょう。お気に入りのアクセサリーやスカーフをプラスして、さらに表情を変えることができます。

1枚目はやはり、黒や紺、グレー、ベージュがオススメです。

2枚目は、似合う色、好きな色を選びましょう。

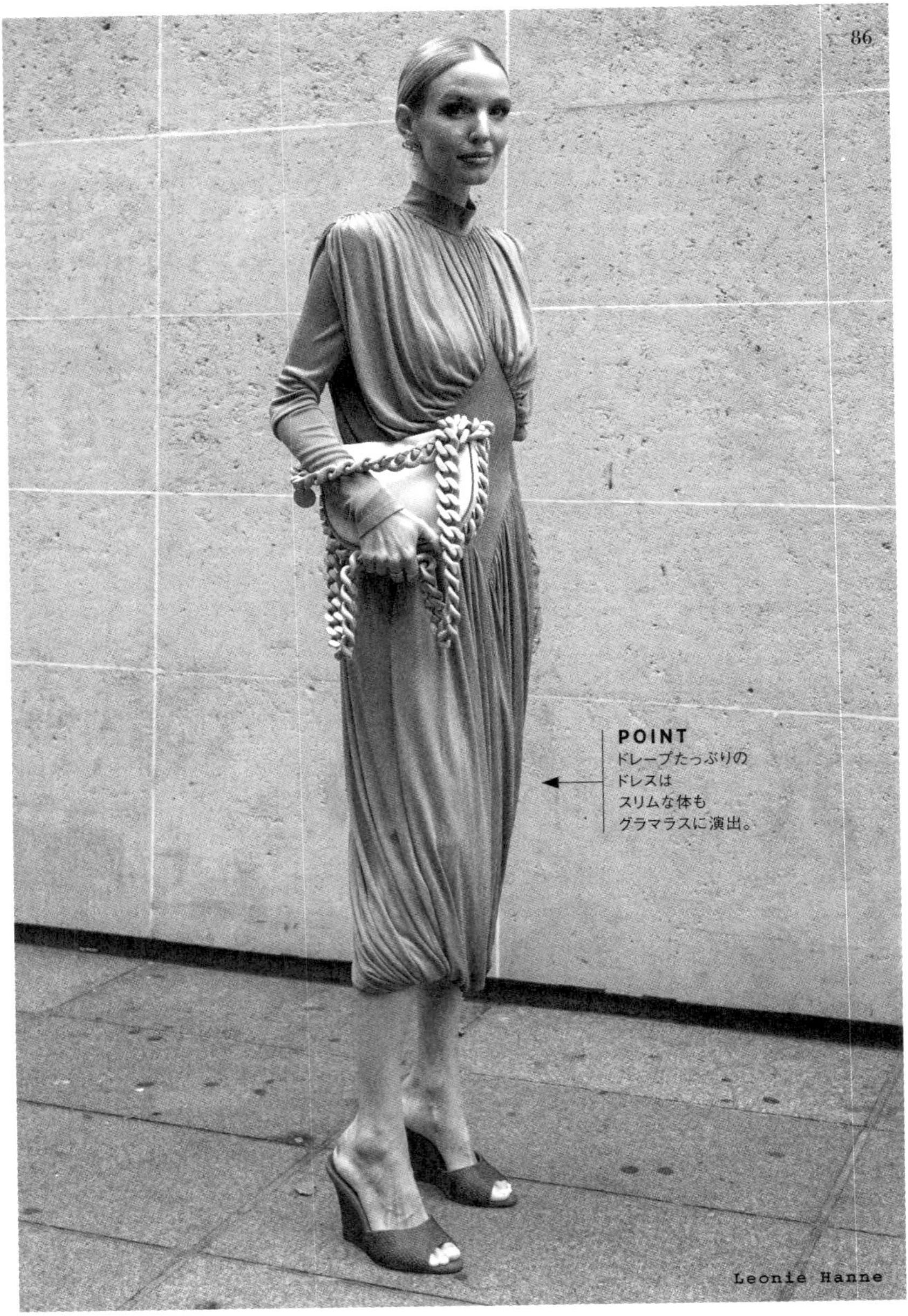
POINT
ドレープたっぷりの
ドレスは
スリムな体も
グラマラスに演出。
Leonie Hanne

全身にドレープを入れたドレスが、レオニー・ハンネのスリムな体型にぴったり。
ハードなチェーン使いのバッグをアクセントに。

私はスーツをほとんど着ないワンピース派なので、シーズンごとに2〜4色のワンピースを揃えています。

春と秋は、黒の七分袖でミモレ丈のワンピース、白黒のグラフィック柄のニットドレス。夏は汗をかくので、毎日洗濯できるように、カットソーのロング丈を4枚揃えました。紺、ダークグリーン、アイボリー、そして抽象的なプリントです。冬は紺、赤の薄手ニットワンピースは日常着に。気温によりカーディガン、コート、ダウンなどを重ねていきます。

また黒にゴールドが入ったニットドレスは秋から冬に活躍します。

1枚でも暖かいので、タイツを穿いて出かけ、薄ら寒くなったらレザーブルゾンを着て、さらに北風が吹いたらロングコートにブーツを合わせます。

ニットとはいえ、高密度でシルエットが美しいので華やかな場所でも通用します。

旅先でも重宝。新幹線のシートに座って気持ち良く仮眠ができますし、現地に着いたらイベントや会食の場に直行できるからです。

シーズンを問わないで着用できるソフトな薄手のワンピースも1枚はほしいですね。

私は、膝下20センチくらいのフレアドレスを購入しました。前見頃にレースがあしらわれていてシワになりにくいので、図書館で仕事の後、カフェで待ち合わせ、会食の場、などどんな場面にも対応できるので重宝しています。

4. 動きやすくシワになりにくいスカート

スカート選びは、意外と難しくないですか？

体型、年齢、職業などによって選択するものが違うはずなのに、どう選んだらいいのかわかりにくいですよね。

大人の女性は膝が隠れるタイトスカートが定番と言われましたが、誰にでも当てはまるわけではありません。窮屈な素材やシルエットのタイトスカートは活動的でないうえ、ウエストからヒップにかけての身体の線をダイレクトに拾い、カモフラージュができないのです。

スタイルに自信があり、膝から足首のラインがきれいな方はにぜひ着てほしいですが、そうでない方はやめましょう。


オススメは、もう少し長めのミモレ丈です。

あまり身体にピタッとしない、つかず離れずのゆとりあるサイズを選び、太腿やふくらはぎが隠れる丈に調整します。

素材はシワになりにくい薄手ウールで、あまりボリュームがないフレアがおすすめです。

POINT
レザーの
ボンバージャ
ケットは
ソフトな革を選んで
シックに着て
Linda Tol

サングラス好きが高じて、自身のアイウエアブランドをスタートしたリンダ・トール。
何年も着られそうな黒のレザーブルゾンと、黒のセミフレアスカートの組み合わせ。

トップスをタイトにまとめれば、上半身と下半身のバランスとして1対3くらいに見えるので、スタイルアップがかなうのです。シャツやブラウス、ニット、Tシャツと、合わせるトップスにより着こなしの幅も広く、畳に正座する際にも困りません。

ウールのほか、予想以上に活用できたのが、シルクジョーゼットのスカートです。

以前に愛用していたリック・オウエンスというデザイナーのものは、ウエストはゴムでおへそのあたりまでは柔らかいリブ素材、その下はしなやかなシルクジョーゼット、という絶妙なデザインでした。

光沢のあるブラウスを合わせれば華やかに、セーターならリラックスした感じに、レザーのバイカージャケットを羽織ればワイルドエッジーに、と変幻自在でした。擦り切れるほど愛用しました。

同様に幅広いTPOに着用したのが、ジュンヤワタナベのパッチワークスカートです。

黒のウールをパッチワークしたフレアスカートは、合わせるものを選ばずモード感が出る便利アイテムで、着ていると褒められることが多かったのです。

ウールのフレアスカートより、カジュアルにエッジーに見せたい方にはデニムが良いですね。

5. ボディにつかず離れずの万能パンツ

スカートの次はパンツですが、自分にぴったりのものを見つけるのは大変です。ただ、一度見つけられれば、そのバリエーションを季節に合わせて選ぶだけです。パンツを選ぶ上で大切なのは、骨格と合う形を選び、体型をキレイに見せるカットと素材を探すことです。

まずは骨格診断で自分のタイプをチェックして大まかに似合うタイプを把握したら、実際の売り場で良さそうな物を、どんどん試着していきます。このときに優秀な店員さんに担当してもらえると効率良く選べるので、店頭で聞いてみるか、あらかじめ電話で予約できると良いですね。

ポイントは、自分の持っているシャツ、ブラウス、ジャケットなどと合い、ヒップに程よく沿いながら脚をきれいに見せてくれるパンツです。素材はスカート同様に薄手のウールなどが便利です。ストレッチ素材が少し含まれていると着心地良いですね。ただピタッとフィットし過ぎると仕事には向きません。

POINT
まさにエッセンシャル
なパンツ。
品位を感じる
シンプルさが美しい！
Laha Petrusevych

黒のストレートパンツにシンプルなセーターをタックインしただけのさりげない着こなし。

きりっとした表情が魅力のラナ・ペトルセビッチ。

私も長年に亘り、パンツを探して購入してきましたが、今は2着に絞りました。

つかず離れずのストレートはくるぶし丈で、スニーカーやサンダルにも合うのでオフにも使えますが、パンプスやヒールサンダルを履いてジャケットをはおれば、オンにも使えます。しなやかな薄手ウールなので素肌でも快適。厚手のタイツを穿けば、秋冬でも大丈夫です。

もう1着は、少しゆったりしたフレアパンツです。ヒップから裾まで自然に広がっていくので、お腹やヒップの凹凸も隠れます。ウエストから足先まで締め付けられないので、楽チンなことも嬉しい限りです。長時間座る会議やフライトにも快適です。

2着とも私のベースカラーの黒、にしました。靴も黒が多いのでウエストから足先まで繋がることで、スッキリした印象になります。急な会合でもボトムスを黒にしておくと、落ち着いた雰囲気に見えるので慌てなくてすみます。

あなたのベースカラーが、紺やベージュ、グレーの場合、1枚はその色にして、もう1枚は、黒にするのがオススメ。

6. 究極の白いシャツかブラウス

さあ、ボトムスがそろったらトップスを吟味しましょう。

まずは白を1枚選びます。あまりゴワゴワしない上質なコットンがイチオシです。袖ボタンを外したり留めたりがしやすく、いくつか外した時に鎖骨が美しく見えると素敵です。袖のたくし上げ方ひとつで、ぐんとこなれた感じになるので、鏡の前で試してみましょう。周りに着こなし上手がいたら教えてもらうのも得策です。これまで何人かに聞きましたが、方法は様々でした。

いちばんやりやすいのは、カフスの部分を持って肘までたくし上げる方法です。収まりが良く落ちてこないので、気がついたときに何度かチェックすれば大丈夫です。

丈もいろいろあります。ダボっと無造作に羽織りたいなら長め（ヒップのあたり）だし、袖なしのワンピースの上にはおりたいなら、短かめがスッキリします。

綿シャツが似合わない、と思う方はシルクのシャツがオススメです。デザインは似ていても質感が変わるとガラリと印象が変わります。

同様に、シャツのディテールがピンとこないなら、ボウカラーや、襟のないVネックやUネックのシャツやブラウスにしましょう。年齢を重ねると、パキッとしたコットンより、光沢やトロミのあるシルクがしっくりくるという話も聞きます。一般論に流されないで、試着をして自分の顔や雰囲気に合う物を選びましょう。

7. シンプルで上質なカーディガン

温度調節に便利なカーディガンも吟味したいアイテムです。

カシミアやシルク、もしくはウールのややゆとりのあるVネックが1枚目には最適です。他のエッセンシャル・アイテムに似合う色やデザインを探しましょう。

1枚はモノトーンかベースカラーを、2枚目はアクセントになるキレイな色はいかがですか？職種や予算によってブランド選びが変わってきます。ベーシックであきがこないジョンスメドレーをはじめ、手頃な価格のザラ、ユニクロ、ギャップなど選択肢は多いです。

私はデザイナーブランドのカーディガンを愛用しています。ヨウジヤマモト、アンダーカバーのものは、はおるだけでサマになるので便利です。

8. 一枚でサマになるニット

ニットも多様化しています。防寒用の厚手セーターから、デザイン性の高いプルオーバーまで、主役になるものがいっぱいあります。

以前ならソニアリキエルやミッソーニに、今ならサカイ、ロエベなどで目につきます。ヨウジヤマモトやアンダーカバーには意外に存在感のあるニットが多く、何枚か購入しましたが、「どこのブランド?」と聞かれることが多いです。海外ブランドのショップの目立たないところで、素敵なニットワンピースを見つけることもあります。

アレキサンダーマックイーンでは赤のUネックのワンピースを、バレンシアガでは紺の変形Vネックのニットワンピースを見つけ購入しました。

すとんと着るだけでサマになるので重宝しています。プリントのストールや、大ぶりのアクセサリーを着ければ表情も変わるので、楽しんでいます。

9. 冬の主役になるコート

寒くなると恋しくなるコートは、厳選しましょう!

POINT
ボリューム感ある
ゆったりニットは
首や肩の肌を見せて
すっきりと。
Aimee Song

元祖ファッションブロガーと言われるエイミー・ソング。
ビッグサイズのセーターを着て、身体の華奢なラインを強調。

女優ティルダ・スウィントンの、黒で統一したスタイル。
この上に何を着るかで変化が楽しめそう。

コートの中に凝った服を着ていても、最後にはおるコートの威力は絶大です。街角で久々に会った友人の服装で、記憶に残るのはコート。屋外のイベントに出席するときに纏っているのもコートです。

以前、パリのスタイリストのアパルトマンに滞在したときに驚いたのは、入り口のクローゼットに10枚以上かかっていたコートの数でした。理由を聞いてみると、パリは室内でも靴を履いたままなのでコートも脱がずに着ていることが多いと。だからコートはできるだけ毎日着替えるということでした。

それ以来、私もピンとくるコートがあったら、なるべく買うようになりました。

ウールやカシミア、ロングからショート、とタイプもさまざま。同じ色が重ならないように心がけて、黒、赤、山吹色、オレンジ、水色など揃えていきました。

少し軽めの素材ではパープルとアイボリーを、ダウンコートはシルバーと濃いブラウン、クローゼットの一画はコートで一杯です。一年に1枚買う程度ですが、気分転換には最適です。

10. 冠婚葬祭にも使える「黒」

最後の項目はあえて黒にしました。

社会人として、意外に見られてしまうのは冠婚葬祭の時の服装や作法です。大家族なら教えてもらう機会がありますが、独立してからは頼る人もいなく自己流になりがちです。コロナの影響を受けて、お葬式も身内だけで行うことが増えました。

が、いざという時に備えておくことは必要です。

ベースカラーが黒の方は、急な弔事に対応できる服があるかもしれませんね。

私も37歳くらいまでは、シンプルな黒の上下で済ましていました。だんだん、親族の葬儀や、クライアントさんのお別れ会が増え、きちんとした仕立ての黒い服一式が必要になり探しました。

一般的な喪服は似合うものが見つからず、インポートブランドのセールの時に購入しました。

それからは、急なお知らせにも慌てずに対応できています。

［番外編］仕事でジーンズをおしゃれに着るには？

以前はカジュアルなイメージのデニムやジーンズも、着こなし次第で仕事でも通用するようになりました。

もちろん職場の雰囲気やＴＰＯに合わせることは前提ですが。

誰でもどこでも買えるアイテムだけに、選び方と着こなしはたいせつです。最近はフレアタイプ

POINT
何気ないセーターを
格好良く見せる
おしゃれの
キャリアに感服！
Sarah Harris

イギリス版ヴォーグ副編集長のサラ・ハリスは、
エッセンシャル・アイテムだけで組み合わせてスタイリッシュに。

POINT
スタイリッシュに
デニムを着こなす
ために帽子や
バッグをひと工夫。
Yoyo Cao

シンガポールのヨーヨー・カオが着こなすデニムスタイル。
自身のブランドも持つファッショニスタならではのおしゃれ感覚。

が人気で、裾は長めにしてヒールを合わせるとスタイルアップします。

逆に腰回りにゆとりがあって裾が細めのテーパードは、足首を見せるパンプスやサンダルを履くと大人っぽくなります。

生地の厚さや加工法により雰囲気が変わるので、いろいろ試着して最適な一本を見つけましょう！

ワンピースで1週間を過ごしたいなら

あなたにとって「出番の多い服」は、きっと着やすくて、好きな物でしょう。選りすぐりの10着だけで1週間を過ごしてみてください。

家で過ごす時、仕事をする時、外出する時、10着の組み合わせで回せれば、エッセンシャル・ワードローブとして合格です！

もし、10着では様にならず困るという場合は、使えるアイテムを残し、足りないアイテムだけを買い足します。

ここで「10着のワードローブ」の別パターンの例を挙げます。

毎回組み合わせを考えるより、ワンピース一枚でサッと完成させたい方や、改まった席が多い方にオススメです。シワになりにくい素材を選べば、旅先でも便利です。

1. リトルブラックドレス
2. 1とも合わせられる黒のジャケット（3以下のワンピースにも合う）
3. 外出用のワンピース　薄手
4. 外出用のワンピース　少し厚手
5. 着心地の良いワンピース　薄手ニットなど
6. ワンピースにはおるカーディガン
7. 薄手コート
8. 厚手コート
9. パンツ（ワンピースでは不向きな場所や気分の時のために一枚は必要）
10. セーター（パンツに合わせて。またシンプルなワンピースに重ねても）

［クローゼットの賢い整理法とは？］

いま持っている服を把握して不要な物を処分する――当たり前のように言われていますね。

ときめかない物は捨てる、同じ物があれば一つ捨てる、最近着てない物は捨てる……ｅｔｃ．すべて正しいのですが、私はもう一点加えたいと思います。「組み合わせやすいかどうか」です。

以前は、一枚一枚を手に取り、試着して仕分けしていました。これで二軍アイテムを減らすことはできました。ところが落とし穴があったのです。一枚一枚は問題なくても、組み合わせが上手くいくかどうかは別問題。出かける前に着替えようと手を伸ばした物同士がしっくり合わず、遅刻しそうになったのです。

翌日、ワードローブ整理をやり直しました。一枚ずつを吟味するだけではなく、着るシーン毎に着る物と小物をセットとして考えてみました。

仕事の打ち合わせ、友達とランチ、スポーツクラブへ行く、ファッションビルに行く、などＴＰＯに合わせ組み合わせたセットを作ってみました。

すると、何度も出番がある服と、ほとんど出番がない服があることがわかりました。この出番のない服はきっぱりと処分できます。

また、並べて見ただけでは気がつかない点も発見できます。例えばワンピースにはおるジャケットやカーディガン、単品で見ている時はマッチすると思っても、いざ着てみると微妙にバランスが悪かったり、素材感が合わなかったり。身体に合わせてこその発見ですね。

私の場合、2年がかりでクローゼットの断捨離をしてきました。

お伝えした方法に従って、しばらく着ていない服は手放し、バッグや靴も半分以下に減らしました。

そのこと自体は必要だと思いますが、後悔したこともありました。

タイミングとしてコロナの真っ只中だったので、イベントに出席する機会も無くドレスやジャケットを処分してしまいました。また必要になれば入手できると思っていたのです。

少しずつ外出の機会も増えたので、洋服を探しにお店を見て回りましたがなかなかピンとくるものがありません。

稀に見つかったとしても、インポートの場合は円安の影響もあってか、以前の2倍近くの価格になっていて躊躇《ためら》いました。また、デザイナー交代があったブランドは以前のようなデザインのものは置いていません。

本当に気に入った服、小物は大切に保存することをオススメします。

CHAPTER 4

［第四章］

実践　毎日のコーディネート

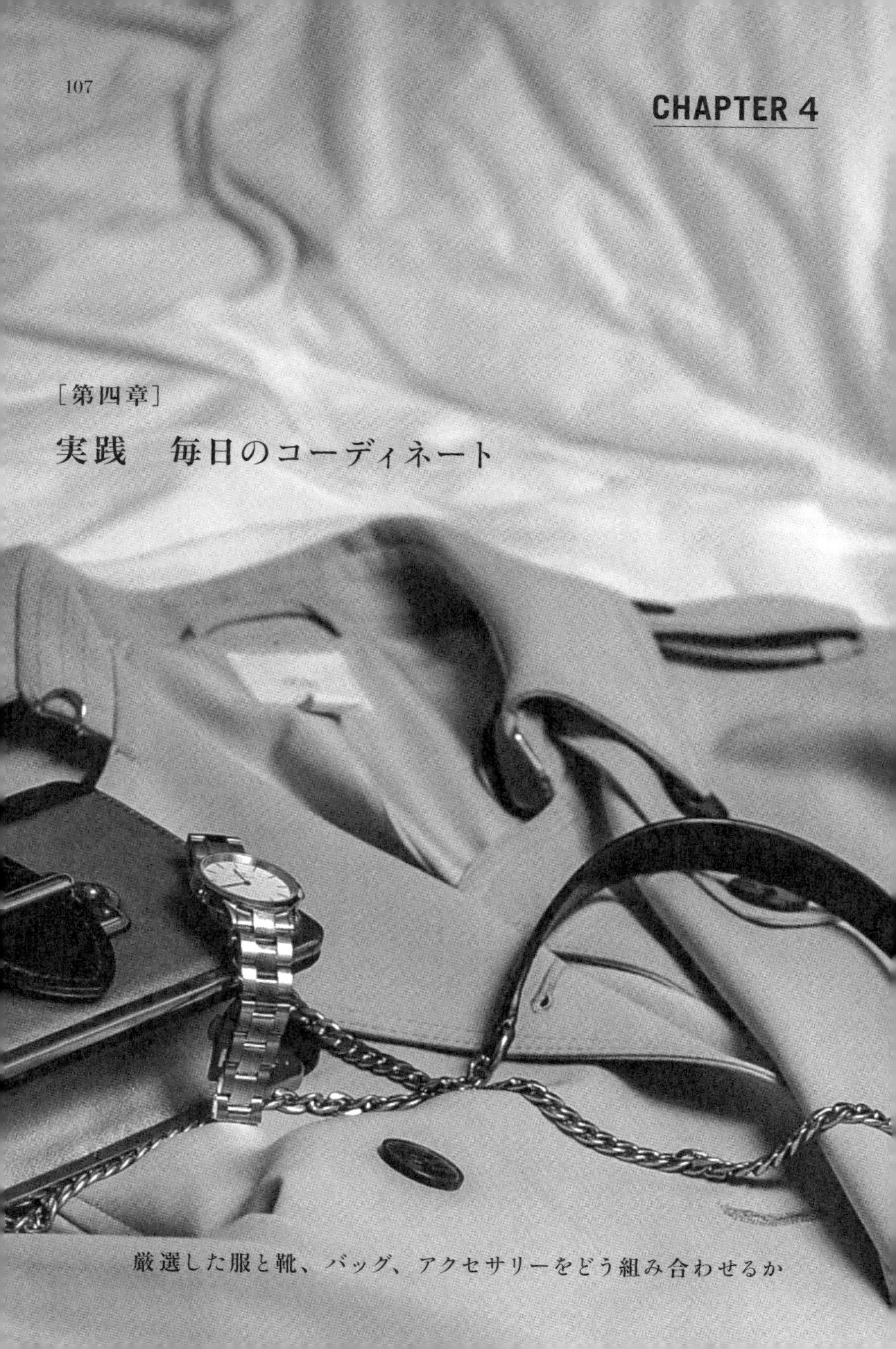

厳選した服と靴、バッグ、アクセサリーをどう組み合わせるか

［自分に合った服さえあればいいのです！］

エッセンシャル・ワードローブが確立すれば、洋服を選ぶ時間が減って、気持ちが落ち着きます。不要な買い物をしなくなり、お金に余裕が。おまけに、スタイルのある人と褒められます。

私も以前はシーズン毎に新しい服を買わなければ、落ち着きませんでした。仕事柄、新作のショーや展示会を見てトレンドを把握できるうえ、自分の装いをアップデートしなければいけないと思いこんでいたのです。

休日毎にショップを見て回り、年間で20〜30着を購入していました。中には、とても気に入る物もあり、達成感を味わったものでした。

ただ、良い服を頑張って買っても、おしゃれに見えるかは別問題です。自分の体型や顔立ち、雰囲気に合っていなければ、意味がないのです。一度きちんと自分と向き合い、何をどう着れば良いかを考えることは大切です。

厳選された愛着のある服だけのクローゼット作りを楽しみましょう！

とはいえ、すぐに前章のような10着に絞るのが難しい方は、まずは5通りの完璧コーディネートを作るところから始めましょう。そうすることで本当に必要な物に気づくきっかけになります。

5日分のコーディネートを作る時に、キーアイテムを決めると簡単です。ワンピース、パンツ、スカートのどれかを選びます。絞るのが難しければ、それぞれ1点選びます。迷ったら？　それぞれで5通り作ってみて、着たいコーディネーションかどうか考えます。

季節が夏なら一番簡単ですね。ワンピースは2着用意しましょう。ノースリーブと半袖があると便利で、無地を選べば着回しが楽しめます。例えばカットソーのノースリーブのワンピースなら、カーディガンやジャケットを羽織っても、腕回りがもたつきません。

薄手のシャツを下に着ればジャンパースカートのようにも。

半袖や七分袖を選べば、さらに着る時期が長くなるうえ、冷房の中でも冷えません。

スカートかパンツを選んだら、合わせるシャツ、ブラウスを1枚ずつ。きれいなシルエットのTシャツは、白とベースカラーを揃えます。それに冷房対策の羽織れるものがあれば十分です。

POINT
ソフトな着心地の
（アンコン）
ジャケットは仕事にも
カジュアルにも
活躍する。
Gigi Hadid

トップモデルのジジ・ハディッドだから着こなせるオーバーサイズのパンツスーツ。
黒バッグとブーツでシャープな印象に。

春と秋にはベースアイテムの素材を少し厚手にし、アウターを1〜2枚足します。冬にはさらにコートを1枚足すだけです。

このステップでもうひとつ大切なことは、キーアイテムこそ、自分のベースカラーで揃え、それにポイントカラーのブラウスやカーディガン、スカーフなどを組み合わせていくことです。ベースカラーの判定は、キチンとするなら百貨店や化粧品売り場で測定してもらうのが良いですが、ネットで簡単に調べることもできます（カラー診断のP36参照）。

一般的に、色白で頬がピンクの肌にはグレー、ブラウン、ベージュが似合い、黄味がかったオークルの肌には黒、紺、アイボリーが似合うと言われています。髪や眼の色にも影響を受けるので、総合的に見てみましょう。

黒、紺、グレー、茶、ベージュのどれかをベースカラーにするのが一般的です。

私の場合は黒（時には紺）がベースカラーなので、スカート、パンツなどボトムスはこの色で揃えています。アウター類もレザーブルゾンとロングコートは黒にしました。全部が黒だと重くなるので、トップスはほとんど明るい色にしました。アイボリーのシルクシャツ、白のコットントップ

POINT
シャネルバッグは
色とサイズが
いっぱい!
アクセサリー感覚で着
こなしの
ポイントに。
AmiAya

双子姉妹のアミアヤ（AMIAYA）が着こなすシャネル。
ボリュームハイヒールと、キルティングバッグがポイントに。

スなど、顔の近くはレフ板効果のある白っぽいものなら肌のくすみを目立たなくしてくれます。またオレンジやレッドは肌に活気を与えてくれるので顔色の悪さをカバーしてくれます。洋服自体がダークな色の時は、首元にスカーフを巻くと華やぎます。私は季節に合わせ数枚ずつ持っていますが出番の多いのは、やはり顔色をよく見せる自分に似合う色の物です。

洋服同様に大切なのが小物選びです。

黒は冠婚葬祭を含め必需品なので、靴やバッグ共にシンプルなデザインを選びます。

次に、自分のベースカラーを揃えましょう。

デザインは職業やテイストにもよりますが、歩きやすいパンプス、レザースニーカー、ブーツ、サンダルなど3〜4足あれば大抵の場合は大丈夫かと思います。以前は、仕事ではヒールの高い靴を履くことが多く、タクシーで移動する日々でしたが、いまは良いデザインスニーカーか、ウェッジソールの靴とサンダルで、歩くことが苦にならなくなりました。結果的に弱っていた脚の筋力もついて一石二鳥でした。

バッグはもう少し自由度がありますね。

ベースカラーの物を揃えたら、白、赤、青、黄などのアクセントカラーや、シルバー、ゴールド等のキラキラ系があると気分が変えられます。夏の定番ラフィアバッグ、ナイロンのバッグやリュックも重宝しますね。旅行や出張が多いなら、軽いボストンかキャリーバッグを追加します。

年1回程度ならレンタルするのがオススメ。収納場所にも困りません。

アクセサリーを効果的に使っていますか？

おしゃれな大人の女性を見ていると、アクセサリーの使い方に独自の法則を持っていることがわかります。ジャラジャラとたくさん着けるより、効果的に着けるほうがおしゃれに見えます。

「迷ったら着けない」というのが原則です。

できればゴールドかシルバーに色を揃えるとスッキリ見えます。

ネックレス、リング、ブレスレット、時計などのトーンを合わせましょう。時計を仕事で着けるなら、好きなデザインを選び、手の大きさや身長とのバランスをチェックします。

最近では、スマホで時間をチェックすることが増えて、腕時計を持っていない方も多いですね。

私も普段はスマホを時計がわりにしていますが、大切な会合の時は腕時計を着けるようにしています。ブルガリのゴールド セルペンティ、カルティエのタンク、の2点を厳選して長年愛用しています。マイビンテージとして、これからも大切にするつもりです。30代で購入した時は予算的にもちょっと無理をした気分でしたが、美しい時計を数少なく持つと愛着も湧いてきますし経済的とも言えます。

パールのネックレスは1点は持っていたいですね。上品な輝きは年齢を超えて愛用できる上、顔映りを良くしてくれます。

哀しみの席で黒い服に身を包んだときの、パールの効果は想像以上です。月のしずくと言われる上品な輝きは哀しみに陰る顔を、優しく照らしてくれます。ただ誰もが持っているアイテムだけに、パールの大きさとネックレスの長さは全体のバランスを見て慎重に選びましょう。

私は一番ベーシックなミキモト社定番のものを愛用しています。哀しみの席では1本でスッキリと。それ以外の時は手持ちのネックレスを重ねてカジュアルにこなします。

ココ・シャネルが好んだパールスタイルも憧れです。

写真で見て目に焼きついたスタイルは、何とも素敵でした。濃紺のセーターに長いパールのネックレスを何連も重ね、白いパンツを合わせた姿は時代を超えたカジュアルエレガンスそのもの。

その写真に触発され購入したのはパールとゴールドを組み合わせたネックレス。

黒のニットやワンピースに合わせるだけでおしゃれに見えるので、仕事先からパーティに行く時

POINT
トレンチコートなら
無地が定番だけど、
二枚目なら
モノグラム柄で
遊んでも。
Leonie Hanne

スタイル抜群のレオニー・ハンネはLVモノグラムのコートとバッグを着用。
ボリュームあるブーツで全身のバランスを整えて。

や、急なドレスアップが必要な旅行には必携です。

特に海外でバレエやオペラを見に行く時に、ロングドレスは持っていなくても大胆なデザインのネックレスを着ければ場にふさわしくなるのです。

またパール以外のアクセサリーを身に着けるなら、アート感のあるデザインがオススメです。シンプルなニットやジャケットにさりげなく着けるだけでオーラが漂います。

こうしたアート感覚のデザインアイテムを探すなら、ミュージアムショップがオススメです。とくに海外の美術館では、あまり知られていない作家のアート感覚あふれるアクセサリーが購入できます。一般のアクセサリーブランドにはないレアな1点が見つけられたら素敵ですね。それ以外の中途半端なアクセサリーは、この際封印してはどうでしょう？

海外のおしゃれ達人は靴とバッグをポイントに

パリジェンヌに限らず海外のおしゃれな女性を見ていると、頑張った感じの着こなしはしていません。全身を最新のブランドで揃えるなんて滅多にしないし、去年や一昨年と同じアイテムを着ていることも珍しくありません。その代わり、靴とバッグは厳選しています。

パリコレに現れる海外のエディターたちを毎年チェックすると、それぞれのこだわりポイントがよくわかります。スカートにもジーンズでもハイヒールを合わせる人もいれば、スニーカーで通す人もいます。着る物が変わっても足元を同じにすることで、自分らしさを出しつつ、無駄な手間暇をかけないのです。

バッグも同様です。身体にバランス良い大きさと形と容量を考えメインのバッグを数点に絞り、フォーマルな席以外は持ち続けます。

私はエディター時代は各ブランドのバッグを揃え、20～30個が並べられる専用のバッグ棚を作りました。そんなに多くのバッグが必要かと疑問に思うかもしれませんが、必要でした。

実際に使わないとそれぞれのブランドの価値がわからないこと、またブランドの経営者にお会いする際に競合ブランドのバッグを持つのはマナー違反だからです。

その日の予定や服装を考えてバッグを選ぶのは楽しくもあり大変！　バッグだけが浮かないように洋服、靴とのバランスをチェック。雨や雪が降る時はデリケートな素材は避けます。

いろいろな色やサイズのバッグを持っていますが、よく使うものは限られます。私は身長が156センチなので、大きなショルダーバッグは避け、収納力の割にコンパクトで軽いことを条件にしました。色はまず黒を1～2タイプ。他に白、赤、黄、ゴールド、夏用にバスケットを揃えました。

ただ雑誌社を卒業してからは、バッグの数を減らすようにしています。

POINT
季節の変わり目に
便利なレザーは
ソフトな皮を
選んで。

Chiara Ferragni

イタリアの人気ブロガーのキアラ・フェラーニは
ラム革のジャケットとマイクロミニで、自慢のボディをアピール。小物使いも上手！

よく使うのは、バレンシアガの薄手レザーのトートバッグ「エブリディ」で、ノートパソコンのほか付属のポーチの中にメガネ、筆記用具、化粧品、などを入れます。

たくさん歩く時は、リュックタイプが便利ですね。

10年前に購入したプラダのナイロンタイプと、最近見つけたスポーツブランドのリュックを持っていますが、仕事道具にヨガや水泳のウェア、ペットボトルの水も携行します。

あとは20年前に購入したシャネルの黒い半円形キルティングバッグ。ワンシーズンだけの限定品なので、大切にメンテナンスして使っています。


おしゃれの決め手は靴と言われますが、たしかに靴の果たす役割は大きいですね。洋服のセレクトが良くても、アンバランスな靴を選ぶと台無しです。自分に合った靴を揃えていきましょう。

まずはベースカラーで2〜3足。はじめは黒が便利かもしれません。髪や眼の色とマッチするうえ、急な雨や汚れにも神経質にならずにすむからです。

履きやすく歩行が苦にならないシンプルなパンプス、スニーカー、ブーツがあれば一年中カバーできます。茶や紺やベージュがベースカラーの方はそれらの色を中心にしても構いません。夏用のサンダル、アウトドア靴は必要に応じ追加します。

CHAPTER 5

［第五章］

賢く買い、整理し、最善の着こなしを

パーソナルショッパー、スタイリスト、プロの手を借りる

PART1 ［プロの助けを借りる］

あなたは、パーソナルショッパーを知っていますか？

欧米では知られていて、顧客の個性や要望に合わせて洋服や小物を探すサービスを指します。多忙な人や、買い物する姿を見られたくないセレブなど、様々な人が利用しています。日本でも芸能人や政治家は以前から利用していましたが、一般のニーズも高まってきました。

セルフブランディングを考え、自分に本当に似合う物を探している人が増えた証です。とはいえまだ全国どこでも利用できるわけではないので、私の経験をお伝えしますね。


初めてパーソナルショッパーの体験をしたのは、25年前のこと。ちょうど雑誌のパリ特集のネタを探していた時に、時間のない旅行者の買い物を手伝ってくれるサービスを知り、取材がてら試してみました。その頃の代表的な百貨店ギャラリーラファイエットとプランタンでした。はじめに打ち合わせがありカルテが作られます。

年齢、職業、サイズ、活動範囲などが記され、次に大まかな予算を尋ねられました。

2〜3日後に、担当の方が集めてくれた洋服や小物を見せてもらい、気になるものを試着しました。同じような条件で選ばれた商品ですが、全く似ていなかったのには驚きました。色使いもデザインもブランドも違うのです。

取り敢えず、それぞれのセレクトから数点を購入して、パーソナルショッパーの初体験を完了しました。

海外で効率良く買い物をしたい時は、確かに便利です！

特定のブランドだけを買うのでなければ、やはり百貨店が便利です。売り場でざっと気になる物を選んでから、試着、追加の商品探しの同行、免税の手続きなど、本気で買いたい人を親身にヘルプしてくれます。

私が何度か利用したのは、品揃えとサービスに定評があるパリの百貨店ボンマルシェ。予約の初回は、仕事、ライフスタイル、サイズ、大まかな予算を聞かれました。

「仕事で出張が多いので移動にも便利な服や靴と、会食やパーティに便利な一式が欲しい」と伝えました。数日後に訪ねると、ラックに何枚もの洋服とそれに合わせたインナーやアクセサリー、靴が用意されていました。

試着室で試して、アドバイスを聞きながら取捨選択をしていく過程で、自分に似合うものが分かってきます。色、シルエット、デザイン、ブランドなど普段は手に取らない服にトライできるのもメリットですね。

何度か利用すると、それまでに購入したものが記録され、追加したほうがいいものを提案してもらえます。出張や旅行の前には、メールでそのときに購入したいもののリストと、日程の希望を伝えました。最小限の時間と労力でワードローブが揃うからです。

エルからハーパーズ バザーへ移った時は、特に活用しました。

同じ編集長という役割でも、求められるイメージが違うからです。

エルのパリ風で抜け感のある着こなし術から、ハーパーズ バザーのニューヨーク流キャリアシックにシフトするために、基本ワードローブをまとめて揃えたほうがよかったのです。ひとりで探すのは時間もかかり大変ですが、セレクトされた中から選ぶのは楽でした。

黒を基調にして、ミュウミュウの薄手のコート、シルエットが美しいアライアのドレス、マックイーンのスーツ、それに合わせたキレイな色のトップス、スカーフ、靴、タイツとストッキング、etc.

免税（ユーロ圏以外の居住者に適応される）されて、150万円くらいを支払いましたが、日本で探したら何倍もの時間とコストがかかると思えば、とても便利なサービスだと思います。

POINT
上質の靴と
バッグは、
10年かけて
自分スタイルに。
Caroline Daur

モデルでブロガーのカロリーネ・ダウル。美しいカットのコートとワンピースを、
エルメスのマイクロケリーとロングブーツで一段階アップグレード。

基本アイテムが揃っていれば、あとは状況に応じて追加していくだけ。東京でもネットでも時間を見つけて買い足すだけです。

ニューヨークやロンドンでも同様のサービスがありますので、出発前に調べ良いショップが見つかったら予約をしてはいかがでしょう?

余談ですが、きちんとしたアポをとらずにパーソナルショッパーを頼んだことがあります。

ニューヨーク出張中の打ち合わせが終わり、クオリティの高さで定評のあるバーグドルフグッドマンに立ち寄った時のことです。各ブランドの最新作をチェックしていると、スマートな佇まいの男性スタッフから、「なにかお探しですか?」と声をかけられました。

いつもなら「見ているだけです」とかわすのですが、プロフェッショナルなオーラに反射的に「新雑誌のプレゼンのために、いろいろなブランドの責任者に合う際にふさわしい服を探していますす」と答えていました。

翌日には帰国するので、残された時間は24時間! ブランドごとのブースで似合う物を探して、試着を繰り返しているうちに時間切れになりそうでした。

状況を察した彼は、一緒にフロアを回り、私が気になる物を伝えると、即座に売り場の店員に指示して合いそうなサイズの服を試着室に集めてくれました。

試着をした服の中で、私が候補に残した数点を見て、それに合うようなアウターや靴を運んでき

Karlie Kloss
POINT
ミドルヒールの
ショートブーツは万能！
カジュアルにも
ドレスアップにも。

モデルのカーリー・クロスは伸びやかな肢体と笑顔が印象的。
スモーキングジャケットをブーツで颯爽と。

てくれます。2時間くらい経って最終的な絞り込みです。

フランスやイタリアのブランドが多いなかで、アメリカのブランドを重点的にチェックしました。本家のアメリカのブランドが豊富に揃っているうえ、日本には少ししか入荷しないデザイナーのファーストラインからも選べるからです。

結局、ニューヨークのキャリアウーマンに人気のある、マイケルコースのピンストライプのスーツと、ダナキャランのネイビーのドレスを購入しましたが、ここからのサービスに感心です。

「どちらの服もぴったりのフィット感で着てほしいので、大急ぎでサイズを直して今日中にホテルに届けます」と！

その晩ホテルに誂えたようなフィット感の洋服が届いた時は感無量でした。

機会があれば、彼にまたパーソナルショッパーをお願いしたい程です。


どこの国や都市でも、ピンとくる店員さんがいたら、声をかけてみてください。買い物のお手伝いをしてほしいと伝え、一緒にフロアを見て試着からお直し、会計までをお願いすると、時間も省ける上に先方も懸命にやってくれます。名刺をもらい次に行く時も同じ方に声をかけるようにすると、スムーズな関係が築けます。

こうしたサービスが最近は日本でも受けられるようになりました。

2021年にスタートした伊勢丹新宿店のパーソナルコンサルティングサービス、イセタンスタイリング ローブ（ISETAN STYLING Robe）を、受けてみました。本館3階の特別なスペースで、骨格スタイル分析などの資格を持つスタッフが要望にあわせて洋服や小物を選び、揃えてくれます。

さらに選択肢を広げたい時は、一緒に売り場を見て気になるものを選び試着できます。

私は季節を変えて2度利用しました。

1度目は2021年11月、コロナ禍が続いていたので、気分が明るくなって着心地のよい服を希望しました。普段買わないブランドからもいろいろな洋服を集めていただき数着を購入しました。骨格とカラー診断のうえで選んだ物なので満足度は高く友人達から褒められることもありました。ひとりの知人は同じものが欲しいと、お店に駆け込んで購入したほどです。

2度目は2022年の5月連休明けに伺いました。着やすいカットソーのロング丈のワンピース2着と、オレンジ色のフレアスカートを買い、家で仕事をするときもリゾートで寛ぐときも着用して、重宝しています。

タイミング的には、5月よりもう少し早いほうが品揃えが豊富なようです。

担当の方々はとても感じ良くプロフェッショナルです。何度かやりとりをしているので、私の好みやクローゼットの中身を共有しているので、助かっています。これからもお願いしたいと思います。

サービスは所要時間180分で、2万2000円でした。予約制です。他にパーソナルカラー診断・骨格スタイル分析によるアテンドコース135分、1万1000円もあります。

スタイリストに頼んでワードローブを完成させるには。

パーソナルショッパーのサービスは、百貨店など売り場に直結したものの他に、スタイリストに依頼する方法があります。

こちらの利点としては、家に来てもらって現状をチェックしたうえで、必要な物を探してもらえること。またいろいろな店に同行してもらえることです。すでに持っている物との組み合わせを提案してもらえることもメリットですね。逆に難しい点は、好みや予算感が違う時に、どうすり合わせるかでしょうか。

私はこれまで4人の方にお願いしました。

はじめはパリ在住の友人スタイリストと。

2時間一緒に百貨店を見て回り、まず私が気に入った服をどんどん試着室に運びました。ジャケット、スカート、パンツ、シャツ、ニット、ドレスなど、ランダムに試着した後のスタイリストのアドバイスは、色を最小限にしてすっきりと見せ、縦線を強調すること。

とにかくボトムスはすべて黒に揃えました。ミドル丈のスカートやクロップドパンツは素肌に着るとスタイルが悪く見えますが、マットな黒のタイツに7センチヒールの黒いパンプスを履くとスッキリ見えます。黒のボディウエアと黒のボトムスと靴まで頭から足先まで縦に黒のラインを通し、顔映りの良い色のトップスを着れば、スタイルも顔色も良く見えるのです。こうして一週間分のワードローブが完成しました。

2度目はトレンドをうまく取り入れる女性スタイリストと表参道を巡りました。日本を代表するデザイナーのショップを見て似合いそうなものをチェック。

さらに海外ブランド店やセレクトショップで気になるアイテムを試着した後に、カフェで作戦会議です。意見を率直にかわし、使えそうなアイテムに絞って購入しました。自分ひとりでは選ばない色やデザインが揃い、着こなしの幅が拡がりました。

3度目は同じ職場のファッションエディターと表参道を巡りました。この時も彼女の推薦するものをどんどん試着していきました。仕事上どんな服装が必要か理解しているので、説明する必要がなくスムーズでした。

4度目は少しイレギュラーなケースですが、セレクトショップのバイヤー兼販売をしている友人が、一緒に買い回りをしてくれたのです。まず彼女が買い付けた商品を先に見て何点か選び、それらに合うものを他の店で探して最後に買うべき物を決定する段取りでした。表参道に点在するショップを見て回り、これはと思うものは試着してみました。

可能な範囲で写真を撮らせてもらい、翌日に買うべきものを決定したのです。ここまで検討して購入すれば、納得の買い物ができますね。

スタイリストなどプロに依頼するときのポイントは、その人のスタイルが好きなことが大切です。仕事でのスタイリングと共に当人の服装のテイストが素敵だと思えることです。いくら有名な方でも、好みが合わないと上手くいきません。あなたの仕事や個性を把握した上で魅力を最大限に引き出してくれる人を探しましょう。

忘れてならないのが、予算のすり合わせです。ワンシーズンの予算を大まかに伝えることで、必要なアイテムの単価を想定することができるからです。

また、プロに支払う料金も事前にしっかり確認・交渉しておきましょう。

PART2 ［買い物の達人を目指して］

リスト作りから始めよう！

いよいよ買い物！　ですが、その前に買い物リストを作ります。

クローゼットに無くて、必要かつ欲しい物はなんでしょう？

去年着た服でしっくりこないものは、大きな箱か袋に入れます。クローゼットに置いておくと必要な服にカウントしてしまうので視界から消すことです。リストには必要なもの、あったら便利なもの、に分けて書き留めます。

たとえば「トレンチコートは持っているけれどもっと合うのがあれば買い換えたい」とか、「薄手のカーディガンがないと困る」といった具合です。

そしていちばん好きなショップにいきます。百貨店でもセレクトショップでも、気分よく買い物ができる場所で見て回り、試着を重ねます。

可能なら試着した姿を写真に撮ってもらいます。

怪訝な顔をされたら「購入を検討しているので写真を見て一晩考えたい」と伝えましょう。

1日（場合によってはもっと）見て回り写真を見て、手持ちのワードローブに合うようなら購入決定です。帰宅して自分の服と組み合わせて着てみると、イメージが膨らむでしょう。場合によっては、何かを買い足さないと物足りなく感じることもあります。パズルを完成させるように作ったワードローブは、あなたに自信とスタイルを与えてくれるはずです。

予算の立て方とは？

洋服や小物を見て回ると、いろいろ欲しいものが出てきますね。リストを作ってみたけれど予算オーバーすることも。そんなときは1点ずつ自分の本気度を測ります。無くてもよさそうなアイテムは割愛しますが、本当に欲しくて必要なものは可能な限り購入します。長い間買うべきものを探していますが、探しても良いものが見つからないことも多いからです。

30歳までは特に予算を決めずに買い物をしましたが、段々おおまかな予算を設定するようになりました。

ファッション以外の出費が増えていったからかもしれません。分譲マンション購入、海外旅行、社交など、生活を充実させるためには必要に応じて予算を決めたほうがスムーズにいきます。エンゲル係数ならぬファッション係数を設定するとクリアになります。

働く女性の場合、年収の10～20％位でしょうか。初めの1～2年は合計額が多くなってしまうかもしれませんが、1度ベースを作ると楽になります。

私の場合は、転職など人生の節目や、海外に行った時に、予算を多めにしました。ゆとりのないときは、ユニクロをはじめ買いやすく手入れが簡単な服と、手持ちの服を合わせました。時には親しい友人と、飽きた服、サイズが合わない服を持ち寄って交換会をしたのも楽しい思い出です。

バーゲンの活用術を身につけたい。

女性なら見逃せないイベントですが、残念ながら成果を挙げるのは至難の業です。私も何度も失敗を繰り返してきました。

バーゲンはシーズン終盤に催されるので、基本的にサイズや色は揃っていません。試着やサイズ直しが通常に比べて丁寧にはできないことが多いです。そして何より価格が下がっていることで微妙に判断の基準が下がります。

「安いから買っておこう」と思ってしまう心理状態が問題なのです。特に時間限定のタイムセールや、中身を確認できない福袋は要注意!

意気揚々と戦利品を持って帰宅したものの、冷静になると処分に困るという話はよく聞きます。セールまで待って欲しいものが残っているのか——ある種の賭けですね。

「スタイルのあるワードローブ作り」の最中には避けたほうが賢明です。

もちろん例外もあります。通常価格の時に試着をしていて欲しかった、同じ型で違う色を持っている、定番商品でサイズ感がわかる、ｅｔｃ．そんな条件なら迷わずゴーです!

また常連客向けのサービスを活用すれば、落ち着いて割安に買い物できることがあります。セールが始まる直前にセール価格で買えたり、閉店時間後の特別枠で買い物ができたり、店舗によりサービスは異なりますが要チェックです。

百貨店なら会員向けにプレセールのお知らせが来ることが多いようです。

また大型のショッピングビルでは、会員証を見せると割引になるサイレントセールは一般に先駆けて行うことがあるので、会員になってメール登録をすることをオススメします。

顔なじみの店員さんがいれば、さらにいろいろ便宜も図ってくれることがあります。あるブランドのショップで商品を見ていた時のことです。店員さんが近くに来て、ささやきました。「明日からセールになりますが、特別にセール価格でお売りしますよ」と。

幸い試着もできてサイズもあっていたので、迷わず購入しました。

さらに割引率が高いのは、関係者向けのセールです。ファッションブランドが、撮影に貸し出すためのサンプルを半額以下の安さで処分します。一般公開はしないので、同行者枠で入ればラッキーです。

ただデメリットもあります。撮影用なので、サイズはモデル仕様のため全体的に大きく、丈は長めです。新品ではないので傷があることも承知して、しっかり確かめましょう。

最近はコロナの影響もあり、販売の機会を逃した製品を集めて大規模な会場でセール開催されることもあります。

大勢の人が集まり山のように製品が並ぶときこそ、自分に合うものを冷静に選んでください。

率直にダメ出しをしてくれる家族や友人に同行してもらうのも手です。

春夏シーズンの終わりに、百貨店とショップのセール初日に行き、自分が購入したものがまだあるかチェックしました。

同じデザイン、色、サイズのものは売り切れていました！　残っていたのは、サイズが大きいか、合わせにくい色だけです。早い時期にプロパー価格で購入したほうが結局得すると、確信しました。

ネットで買うコツとは？

リアルな店舗で買う方が試着や素材感の確認ができて便利ですが、ネットも上手に使うと便利ですね。個人的にも２０２１年ごろからネット購入率がじわじわと増えてきました。

個人的に使いやすいのはエル・ショップです。

扱われているブランドの数やテイストが程よいので、必要以上に検索しなくて済みます。売り切れていても、再入荷のお知らせを受け取れるので買い逃しが防げます。

またお気に入りに登録しておけば、最後の一点になった時や値下がりした時に通知が来ます（この２つの特徴は、他サイトでも見られますが）。

POINT
控えめに光る
ゴールドコートは
あなたを主役の
ように輝かせる!
Camille Razat

フランス女優のカミーユ・ラザは、『エミリー、パリへ行く』の友達役でブレーク。
ゴールドに輝くコートはドレスアップしたい時にぴったり。

時間と空間を選ばず、対面しないで売買できるので、予想を越える広がりが期待できるのも嬉しいですね。

海外サイトも、最近は見るようになりました。ファーフェッチ（FARFECH）は、日本デビューの際に本国の経営者とお話しする機会があり、新時代の到来を感じました。欲しいものが世界中のショップからネットで買え、返品交換も可能なのですから！

ユークス（YOOX）も品揃えが豊富で、最近買い物をしました。カール・ラガーフェルドの服は日本では販売していませんが、ユークスでトレンチコートを探していたら最後の一枚として格安で出ていました。すべて込みで2万円以下だったので即決しました。

またフリマサイトでも、意外な掘り出し物と出会えました。

例えば亡きデザイナーの服。アルベール・エルバスがデザインしていた頃のランバンのトレンチコートです。店舗をいくら探しても見つからず、メルカリで検索してみました。

そのときは見当たらなかったのですが、検索条件を保存したところ、忘れていた頃にお知らせが来ました。

新品でサイズも合うコートが出品されたのです！　約47万円で伊勢丹にて購入したというシルク

のコートです。真紅は第一希望の色ではありませんでしたが、似合いそうだったので即決しました。6万5000円でした。

気分を上げたい外出や、厚手のコートでは早い時にサッとはおるようにしています。

その1年後に、同じくエルバスがデザインしたランバンのトレンチコートの知らせが。黒いウールのトレンチで取り外し可能なミンクの襟付きでした。新品ではありませんが2万円弱！　迷わず購入しました。


さらに、一般公開はされていないサイトで、某クチュールブランドのオートクチュールのコートのサンプルを偶然見つけ購入しました。

新品同様でクオリティは抜群でした。オートクチュールなので定価は公表されていませんが、一般的に数百万円と言われています。5〜6万円で手に入ったのは幸運でした。


このように、とても欲しい物なら、シーズンが終わってからでも見つけられる可能性があります。メルカリ、ラクマ、ヤフオク、など複数のフリマサイトを検索してみてください。もしくはグーグルで全てを検索するのも手です。

すぐに見つからない場合は、検索条件を保存しておくと、誰かが出品した時に連絡がきます。

ユークスやバイマ、など海外サイトで探すのも手かもしれません。

ネットで売るコツは？

ネットで買うのは気楽ですが、売るには準備が大切です。タイミングと値付けがいちばん重要です。

タイミングでいちばんよいのは、シーズン直前です。例えば秋冬物なら9月から11月くらい。店頭に新製品が並び始める時期は、おしゃれの意識が高い人がチェックしますが、定価で買うには躊躇するタイミングだからです。欲しい物に似た昨シーズンの物や、定番品を出品すれば成約率は高いです。

新品ほど高く売れるので、購入したのに着ていない服や履き心地が悪い靴は、迷わずに出品しましょう。店頭で売り切れたものを探している方が見つけてくれればウィンウィンですね。

また数多い商品の中から目をとめてもらい購入を検討してもらうには、見せ方がものを言うようです。

商品がよく見えるよう、背景は照明に気を配り、寄りと引き、タグ、背面など、傷がある場合はその状態、と複数の写真をアップします。

立体感が必要な服の場合は、トルソーがあると便利です。簡易な物なら５０００円くらいでネットで買えるので、多くの服を処分したいなら購入しましょう。

ハンガー掛けや床において撮影するよりも立体感が出て高級に見えるので、購入率も上がります。

正面、背面、横、全身、など多くのカットを載せると親切です。

写真と同様に説明文も大切です。商品の説明、購入時期と場所、金額、着用頻度、汚れや傷を明記すると信頼されます。一般には知られていないブランドの場合は、説明を加えることもお忘れなく。

アウトレットで買う

シーズンが終わった商品はどこに行くでしょう？

メーカーのファミリーセールや卸売りセンターでの合同セールなどに行ってみましたが、大量の商品が置かれていて目当ての品物を見つけるのは至難の業です。また大勢の人が試着に並んでいるので疲れてしまいます。

メーカー直営のアウトレット店なら、もう少しゆったりと探すことができます。年間を通して営業しているので、混雑しない平日や週末の夜間がオススメ！　いつ買っても同じような定番品や、サイズ切れのラックをチェックしましょう。下着、靴下、スポーツウェアを買うにも良いですね。

もっとトレンドを取り入れたい方やブランド品を買いたい方にも、向いています。

各ブランドの特徴的な商品や、派手な配色のアイテムは売れ残る率が高いので、少し待てば半額以下で買えることも。地域によっては地味な色が豊富に出るので、観光の前後にチェックしてはどうでしょう。

私は日本では、軽井沢と沖縄を見てみました。軽井沢では、ヨガウェアと靴下を購入。沖縄では購入はしませんでしたが、海外ブランドがタックスフリーで販売されている事を知りました。海外で購入するよりは高いですが本州よりは安いです。

海外のアウトレットは、より多くの選択肢があります。

日本同様の大規模なアウトレットモールで特に有名なのは、ミラノ郊外のアウトレットモール「セッラヴァッレ　デザイナーアウトレット」。ミラノ市内から100キロ位の場所で、ミラノからツアーバスも出ているのでイタリアブランドが好きならチェックしては？　プラダ、グッチ、モンクレール、フェンディ、フェラガモ、ドルチェ&ガッバーナ、ジルサンダーなど、人気ブランドが集結しているそうです。

またヨーロッパのハイブランドの場合、自社工場の近くでファクトリーショップが併設されていることも。地元の方への還元や職員へ福利厚生の意味があるそうです。

私も以前ジル・サンダーさんの取材でドイツのハンブルクを訪れた際に、工場を見学しましたが、併設されたファクトリーショップの品数と量に驚きました。どこに何が置いてあるかを把握するのに1時間、自分に合いそうなものを選ぶのに1時間、試着をして会計を済ませるのに1時間はかかります（もし免税の手続きも希望するならさらに時間がかかります）。

アウトレットショッピングを計画するなら、時間は多めに確保してください。

洋服のサイズ選びに細心の注意を

最近はゆったりサイズの服が人気ですね。

活動しやすくて、体のラインを拾わないので助かります。どんなシルエットの服だとしても、一番綺麗に見えるサイズを選ぶことが大切です。

洋服選びの基準として、自分のサイズを把握していることは大切ですが、メーカーにより、シーズンにより、アジャストしていきます。

以前、スタイリストの友人と買い物に行った時の試着法は、3種のサイズを試す事。

例えば普段Mサイズなら、SとLも試着して、一番スタイルが良く見えるサイズの物を購入します。

「えー、Lサイズを買うなんて気が乗らないわ。Mサイズが入るのだから」と難色を示すと、

「サイズのタグを見せて歩く訳ではないから、スタイルを良く見える物を買うべし」

と諭されました。

それからは、最低でも2種の違うサイズを試着するようになりました。つかず離れずのシルエットの方が着痩せすることもあれば、ぴったりサイズで身体の細い部分を見せた方がスッキリする場合もあるからです。

サイズを直す

服を買う時はサイズに注意を払うと思いますが、その後は見直しをしていますか？

身長や体重が変わっていないから大丈夫と、そのままにして変えないのは危険です。筋力の低下や生活習慣により、ウエストが緩みヒップが下がるからです。

特にパンツの後ろ姿は正直なので、鏡で見て違和感があったらリフォームを頼みましょう。

変わるのは自分の身体だけではありません。トレンドの変化により、今っぽいシルエットやフィット感が変わってきます。もちろん、その度に買い直すのもアリですが、サイズの微調整で印象は変えられるのです。

パリに住む友人は、近くのお直し屋によく駆けこんでいました。毎年新しい服は買えなくても、サイズを直すのは簡単です。

これまでの服にピンとこなかったら、サイズや丈を見直すことでいまの気分にアップデートしていたのです。

またサイズを直すのが面倒な時は、ベルトで絞ってシルエットを少し変え、袖をたくし上げ動きを出すこともオススメです。丈が短く感じるワンピースは、パンツを合わせてバランスを変えることも。あなたもスタイリストになった気分で、クローゼットの服に新たな解釈を加えてみてはいかがでしょう。

そのためにも、上手なお直しをしてくれる方、もしくはお店を見つけること。

なんだか合わないと思う服を見てもらい、直して解決するか相談してください。

エッセンシャル・ワードローブを完成させましょう！

ここまで読んでいただいて、ワードローブの服と小物を整理し、自分がめざすスタイルがつかめてきたと思います。

あまり使わない物は減ってスッキリしたクローゼットを眺めるのは気分が上がります。

これで毎日着るものに悩まないですみますか？　不要な物は減ったけれど、本当に必要なものが不足してはいませんか？


この段階でよく陥るのが、「着るものがないシンドローム」です。

一度吟味はしているので、まったく使えないものはありませんが、いざ出かけるときに服を組み合わせると、ピンとこないのです。

パズルゲームの大切なピースがかけて完成しない感覚です。

POINT
ベーシックな
トレンチを選ぶ時は
襟と肩のバランスをチェックして。
Chiara Ferragni

万能トレンチが一枚あれば便利なのは、普段着ないようなデコルテドレスも
上品にまとまる。キアラ・フェラーニのセクシーな着こなし。

自分にとっての必要不可欠なアイテムだけを集めた「使えて」「似合い」「気分がよくなる」ワードローブがあれば、どんなに快適でしょう。

誰にでも合う万能ワードローブは残念ながらありません。

だからこそ、このエッセンシャル・ワードローブを組み立てる作業は大切で楽しいのです。

まずは基本のパターンです。復習をかねて改めてチェックしてください。

真夏以外は着用できるアイテムをピックアップしましょう。

1. ジャケット
2. スカート
3. パンツ
4. シャツ
5. ブラウス
6. ワンピース

7. カーディガン
8. セーター
9. 薄手コート
10. 厚手コート

絞りに絞った10点だけに、それぞれのアイテムは吟味します。
素材と着心地が良いこと
シンプルで美しいシルエット
あなたの体型をより良く見せてくれるカッティング
それぞれが組み合わせて着られる

以上のポイントで選びましょう。

間違えがないのは、ジャケット、スカート、パンツは同じブランドで揃えること。同じ黒や紺でもトーンが揃うので、スーツとしても着用できます。

フォーマルな席でも通用するセットがあると安心です。黒や紺を持っている方やジャケットの出番が多い方なら、ベージュやグレー、モノトーンの柄（グレンチェック、千鳥格子、ピンストライプ）も個性が出せます。ただタータンチェックや幅広のストライプなどの大きな柄は避けましょう。

スカートは膝が隠れる丈を選び、ストレートや、セミフレア、部分プリーツから似合うタイプを選びましょう。購入する際はよく履く靴で試着をしてバランスを見てください。

パンツも同様ですが、より慎重に選びます。

ウエストからヒップにかけては程良くフィットして、ヒップから太腿にかけてはゆとりを持たせて身体のラインを拾わないことが大切です。パンプスを履くことも想定して丈は少し長めにしますが、スニーカーやフラットシューズに合わせる時は、簡単にまくるか両面テープで留めておきます。

ジャケットの中に着るインナー選びも気を抜けません。

シャツかブラウスかで印象は変わり、Tシャツならぐっとこなれた感じに。インナーの色は白か、顔色が良く見える色を選びます。夕刻のカクテルなら、ツヤのあるシルクが華やかになり素敵です。

ワンピースは、完璧な一枚を持っていると心強いです。

私の転職の時には、厳選したワンピースが重宝しました。一枚で完結するので組み合わせを考えなくて済みますし、エレガントに見えるため男性や年長者へのウケが良いです。

夜の会合にも、ジャケットよりはワンピースがオススメです。

1着目は、冠婚葬祭にも使える黒。

2着目は顔色がキレイに見える色がオススメです。

メイクが薄くても華やぐ赤、ピンク、オレンジがイチオシですが、色白の方ならネイビーやパープルで、ハッとさせてはどうでしょう。

そして、シャツ、ブラウス、ワンピースに合わせるカーディガン選びも差が出ます。

2枚あると良いですね。

色と着丈、素材感の異なる物を選べば、一年中重宝します。時にはコートの上からカーディガンをストールのように巻いても粋な感じです。

コート選びは慎重にしましょう。面積が大きいので、印象に残るからです。コートの後ろ姿が素敵だと、おしゃれなイメージが残ります。どんなに上質な服を着ていてもコートが合ってないと、おしゃれは台無しです。

1着は薄手のトレンチコートかステンカラーを選びます。各ブランドが扱っているので、ピンとくるコートに出会うまで探します。同じブランドでもシーズンにより、デザイナーにより変わりますので、似合うデザインと色が見つかったら迷わず買いましょう。

またサイズ感も、その時のトレンドや自分の気分によって変化します。オーバーサイズを纏うか、タイトなシルエットを楽しむか、いろいろ試してください。

予算的にもコートは重点を置きたいのですが、予算が足りなければビンテージを探す、兄弟やボーイフレンドから借りる、など柔軟に考えましょう。肌に直接触れないので、お古でもあまり抵抗はないですね。私自身、コートだけは新品でなくても購入することがあります。

POINT
黒の魅力を最大限に
引き出してくれる
アニマル柄で、
リフトアップ！

Bella Haddid

トップモデルのベラ・ハディットは柄パンツを黒と合わせてすっきりと。

リフトアップアイテムで着こなしをグレードアップ！

エッセンシャルなアイテムが揃うと、毎日の身支度が楽になります。着るものに迷い、何度も着がえて遅刻する、なんて事が減ってくるからです。エッセンシャル・ワードローブの威力は絶大と言えるでしょう。

それでもやっぱり気分を変えたい日はありますね。日常的なワードローブと一味違う、気分を上げてくれる服も必要なのです。

家庭での慣れ親しんだ食事に満足していても、プロの工夫が込められたレストランでの食事で幸福感を感じるように、わくわくする服や小物は「非日常必需品」です。

本人の気分が上がるのはもちろん、周りの人の気分までも上げる。そんな服を「リフトアップアイテム」と名付けます。

人によって気持ちが上がるリフトアップアイテムは異なります。

私の場合は、その時の気分でブランドやスタイルを選びます。今は亡きアズディン・アライアのワンピースを着れば、背筋が伸びて歩き方も美しくなるようです。女性の身体を美しく見せることで定評があり、ニットといっても楽チンではありません。

むしろ強くストレッチがかかる服は、姿勢を矯正してくれます。また伸縮性がある素材なので、新幹線から降りてそのままパーティ会場に直行しても、格好良い大人の女性を演出できるのです。


大人の女性に演出してくれる服は他にもいろいろありますね。

ここでも、どんなイメージを目指すかによって選ぶブランドが変わってきます。


大切なプレゼンテーションや会食では、上半身に視線が集まるのでテーラリングが美しいサンローランやマックイーンの服に助けてもらいました。

初対面の方や、年上の方が多いので、カジュアル感は禁物です。あなたが自信を持って振る舞えるデザインと色の服を厳選しましょう。

デザイナーやアート関係者との会合では、ジルサンダーやヨウジヤマモトの服が、会話のきっかけを作ってくれました。そぎ落とした美学に共感する方は男女問わず多く、買い物するならどこに行くべきか聞かれたものです。

最近では、日本ブランドの服を着ていると、どこのブランドか聞かれることが増えましたね。

コムデギャルソンなど、ショーで見ると難しそうな服も着方次第。思い切ってチャレンジすると、自分の新しい一面を発見することができます。

私も初めは着こなせるか自信が無かったので、ニットやシンプルな黒スカートからトライ。20代の頃です。

パリコレに通うようになると、少しずつ買い足していきました。

黒のジャケット、パンツ、スカート、白シャツとカーディガンなど、はじめはモノトーンが中心でしたが、徐々にシーズンの一押しアイテムへ気持ちが傾いていきました。

シルバーラメのドレス、派手な色合いのタータンチェックスカート、アシメトリーに巻きつけるジャケットなど着こなせるか自信はありませんでしたが、海外の方から褒められほっとしました。

難しいと感じるブランドやデザインは、「どう着たら自分らしいか」を考えて、少しずつこなしていきましょう。

気がつけば、日本のデザイナーの服を見るだけでなく着るようになっていました。

コムデギャルソンと並び称されるヨウジヤマモトでは、流れるようなシルエットのドレスやテイラードコートを選びました。その後、オールシーズン着られる黒のスカートとパンツ、ニットとストールを購入しました。手持ちの海外ブランドの服とも合わせやすいです。


今も悔やまれるのは、三宅一生さんがデザインしていた頃の服を買っていなかったことです。素材開発を重視し、身体の動きを自由にする服作りは、それまでの常識を超えていました。パリでのショーに感動したものの、20〜30代の自分には、まだ着こなす準備ができていなかったのです。

その後、一世を風靡したプリーツプリーズのトップスとスカートを購入しました。軽くてシワにならないプリーツの上下は長い移動に最適！　しかも発色が美しいので、そのままパーティに出かけても大丈夫。コートとストールがあれば、短い旅行や出張も準備要らずで便利でした。


ここ数年の間で、日本ブランドをさらに愛用するようになりました。

芦田多恵さんは、ドレスから日常着までクオリティが高い服作りで定評があります。黒のニットシリーズは、着やすくてエレガント。働く女性に向いています。

マメ クロゴウチは、繊細で叙情あふれるデザインと、日本のさまざまな生産地でのクラフトマンシップにこだわるデザイナーブランドです。

独自のものづくりの姿勢が評価されてパリでもコレクションを発表しています。デザイナーの黒河内真衣子さんが小柄なせいか、サイズも直さずに着ることができます。

よりコンセプチュアルでアバンギャルドにこだわるデザイナーと言えば、アンダーカバーの高橋盾《じゅん》さんは不思議な磁力があります。

20年前にエルで初めてのファッションイベントを企画した時に、国内外の新進デザイナーを探しました。日本で選んだのがアンダーカバーだったのです。

毎回、意表を衝くコンセプトで作品を制作して、ユニークなプレゼンテーションで定評がありますが、最近はより着たくなる服を発表しています。

２０２２年の秋には久しぶりにニットを2点購入しました。シンプルながらひねりのある細部が個性的です。展示会では、エレガントなドレス、ビジュー、ヒール靴などの完成度に目を見張りました。

POINT
ローファーが
厚底になって
トレンドアイテムに。
背が低めの方も
スタイルアップ！
Yoyo Cao

多忙な実業家でありながら、子育て中のヨーヨー・カオ。
ショートパンツを黒のシアー靴下と厚底ローファーでマニッシュに。

森永邦彦さん率いるアンリアレイジは目が離せません。デジタルを駆使したもの作りや見せ方は、独自のもので引き込まれます。毎回ユニークなコンセプトの下に、招待状からショーの演出まで徹底。

ある時、望遠鏡が入った招待状が届きました。望遠鏡を夜空にかざして月を見ていると、オンラインショーの始まりです。

アポロが初めて月に降り立った設定で、スペースルックのモデルたちが登場しました。メタバースなど新しいテクノロジーへの取り組みも早く感心します。まだ実際の服は着たことがないので、なるべく早くトライしてみますね。


新しいデザイナーの服を着こなすのは一筋縄ではいきません。どう着るのが良いのか、鏡を見ながら試行錯誤。着方によって新しい自分を発見できることもあれば、どうしても似合わないことも。

そんな試みの積み重ねは、マンネリ化になりやすい日常のアクセントになります。また、若いデザイナーの服もカンフル剤になります。異なるシルエット、色使い、予想外のカットやスリットなど普段と違うものを身に着けると気分までかわります。


時には、いつもは行かないヤング売り場や、Z世代が集まるショッピングビルを見て回り、普段買わないような服に挑戦してみませんか。

「自分のコアになるエッセンシャル・ワードローブを揃えて、リフトアップアイテムで鮮度を保つことがポイント！」

PART3　［着こなし力をアップさせるプラステクニック］

ここまでのステップで、あなたのワードローブは整ってきたと思います。

次のステップは、いよいよどう着こなしていくかです。

新しい服は、そのまま着ない

買ったばかりの服を眺めているとワクワクし、すぐにでも着て出かけたくなります。

でもちょっと待ってください。値札を外したばかりの新品をそのまま着ないのが、おしゃれさんの法則です。

以前ミラノやパリコレの時期に、シーズンの新作を着ているモデルやスタイリストを観察していて気がついたことがあります。新品に見せないようにさまざまな技を使っているのです。

シャツなら襟や袖口を手で揉んでアイロンのりをほぐします。袖に腕を通したら、肘までたくしあげて自然なシワをつけます。前身頃のボタンはいくつか外して襟を立て、鎖骨や胸の谷間がいちばん美しく見える角度をチェックしていました。

ジャケットも同様です。

カフスのボタンを外して袖をまくり、襟を立てストールを巻くなど、同じ服を着ている人と遭遇したとしても、違う着こなしをしているよう心がけます。洋服を自分のものとして「こなす」ことに創意工夫を重ねるのです。

靴やバッグでも徹底しています。モデルやインフルエンサー達は、シーズンに先駆けて新作をもらうことがありますが、他の誰よりも着こなしが格好良く見えるよう、密かに工夫します。

バッグは使用感が少し出るように革を柔らかくほぐし、ジッパーや留め具を何度も開閉してスムーズに操作できるように。

ブーツは履き口を広げ、ソールを折り曲げ、足になじませておくのです。

場合によっては、よりパーソナル感を出すために、バッグや靴に自分のキーホルダーやアクセサリーを着けていました。「こなす」ことへのあくなき努力には感心しました。

クローゼットの中の服すべてと合わせてみる。

アイテム自体を新品からなじませたら、次はすでに持っている物と組み合わせてみます。

購入した時には、シャツの上に羽織ろうと思っていたジャケットも、ワンピース、セーターなど他のアイテムにも合わせてみます。

下に合わせるボトムスもパンツ、スカート、ジーンズなど手持ちの物と合わせ、どんどん試着していきます。また、ベルトやストールも合わせ、上半身のバランスを見ます。

その後、手持ちの靴を順番に履いてみて、どれが一番しっくりくるかチェックします。

レッグウェアにも気を配ります。

例えば黒のタイツと透明ストッキングはどちらが合うのか？

素足のほうがぬけ感が出て素敵か？

ソックスを合わせた方が躍動感が出るか？

全身が映る鏡で、正面から、横から、後ろから見てみると、印象が変わるので驚くと思います。


私も何度か試してみたところ、40～60デニール位の黒タイツに黒のヒール靴を合わせ、膝が隠れる丈、もしくはくるぶし丈のスカートを穿くのがベストバランスでした。ウェストから足先までを同じ色でまとめるとスッキリとして、背が高く痩せて見えるのですね！

一般的には、黒、紺、茶など濃色が効果的ですが、春夏で素足か肌色ストッキングの時は、ベージュやアイボリーが軽やかで素敵です。

こうして、新品を買う度にクローゼットの服を取り出して着こなしチェックをすると、思いがけない発見があります。滅多に着なかった服の良さに気がついて、その後頻繁に着るようになったり、大切に保管していた服が不要に感じることも。仕舞い込んであった一点一点を確認してあげることは大切だと実感しました。

買う？　借りる？

［レンタルサービスで新たなおしゃれに挑戦］

自分らしいファッションを楽しみたいと思ってもハードルは色々あります。買う時間がない、近くに気に入った店がない、十分な予算がない、そもそも何を買っていいのかわからない！　そんな方におすすめなのが、レンタルサービスです。

以前はレンタルと言うと、結婚式やパーティ用が中心でしたが、コロナ禍で多くの店舗が休業することで販売できなかった洋服をネットで貸し出すサービスがいろいろ始まりました。昨今のサステナブルブームも相まって再認識されています。

サービスの種類が増えたので、あなたに合うものがあるかもしれません。私は洋服３社、バッグ１社のサービスを利用してみました。それぞれシステム、ターゲット、価格帯、テイスト、が違うので自分に合う物を選びましょう。サービスのシステムや料金は刻々と変わるので、利用前には必ず確認してください。

外出の機会が多いワーキングウーマンにおすすめは、アナザーアドレス（Another Adress）です。百貨店が運営しているので、ブランドの種類も多様で充実しています。最近はセレクトショップも参加してよりバリエーションが増えてきました（メゾンマルジェラ、マルニ、イザベルマラン、フィリップリム、レッドヴァレンティノ、ケイト・スペード、シーバイクロエ、ウィークエンド、マックスマーラなど海外物から、ワイズ、ソマルタ、アドーア、セルフォード、メゾンミハラヤスヒロなど）。

アイテムは、ワンピース、トップス、ボトムス、バッグ等、シーンも日常、仕事、イベント、週末に対応できます。

1ヵ月間で3点借りられて1万1880円（税込み・以下同）。1点なら5500円です。普段は着ないブランドやデザインを試す事ができ、急なイベントに着る服がない時に便利です。気に入ったら、そのまま割引価格で購入できます。数ある洋服の写真から気に入った服や小物を自分で選べて、合わなければ簡単に返却できます。送料無料です。このサービスは1年以上継続して利用しました。先日は雨降りの日が続く中、薄手のトレンチコートを見つけてレンタルし、そのまま買い取りました。

一方、エアークローゼット（air Closet）は、社内のスタイリストが選んだ3点が送られるので、誰かに選んでもらいたい人向きです。私も試しましたが届いた服はピンとこなかったので、交換、2度目には使用感がある服が届き解約しました。その時の運不運が影響しそうです。若い方や子育て中のママに合うかもしれません。月の料金は7800円から1万3800円まで選べますがインポートブランドの扱いはなかったです。

日常服に強いメチャカリMECHAKARIは、ヤング層に人気のストライプインターナショナルが運営しているので、同社の服が着たい方にオススメです。しかも毎回新品が届くので中古に抵抗感がある方もトライしやすく、気に入れば15%引きで買い取りもできます。60日間レンタルし続けるとアイテムがもらえる仕組みは、お得な感じですね。

カジュアルなテイストの服が多いので職種によっては難しいかもしれませんが、ワンピースやブラウスは多種多様です。月3278円から1万7780円まで色々なプランがあります。

私は月3着借りられる6380円のプランを利用しました。ワンピース2点とブラウス1点を取り寄せ、合わない2点を返却し新たなものを取り寄せました。返却や交換は手早く簡単で、何度でも可能。

トレンドアイテムを試したい、何が似合うかわからないから試したい、店での試着は断り難い、気分を変えたい時などに便利です。

人気ブランドのバッグを気軽に試す

洋服のレンタルでは高額なハイブランドの扱いは少ないですが、ブランドバッグが借りられる代表的なサービスはラクサス（Laxus）です。約4万点のバッグを揃えているそうで、今ではニューヨークでも利用されて人気を博しているそう。

このサービスがユニークなのは、膨大な数のバッグを、ブランド、色と形、サイズ、状態をチェックして選べる事です。新品新作だけでなく何年か前のバッグも出ているので、買い損なったバッグを借りる事も可能です。

エルメス、シャネル、ディオール、グッチ、プラダなど多数出ていますが、人気アイテムは貸し出し中が多く返却待ちになることもあります。

私は、レアなデザインのヴァレクストラ、数年前のサンローラン、シャネルの人気定番を借りてみました。新品同様な物からやや使用感がある物まで多種多様なので注意して選びましょう。交換も可能です。月額７４８０円ですが、キャンペーン利用でさらにお得です。送料無料。

バーゲンは得か？　損か？

女性ならバーゲンが気になるのは自然なこと。昨日までの商品の価格が半額になると聞いたら、その日まで待って買いたくなるのは当然ですよね。

私も若い頃は、バーゲンに期待をかけて初日の午前中に駆けつけたものです。

みんなの熱気と混雑で平常心を失って、必要がない物を買ってしまいがちでした！

帰宅して手持ちの服に合わせてもイマイチ、返品も交換も難しい、と失敗する率は高いですね。

ワードローブの再編集をしている時は、バーゲンを避けたほうが賢明です。

詳しくはＰａｒｔ２で。

［手軽な価格でモードを楽しむ］ファストファッション

もっと手軽に買い物をする方法も、今は幾つもあります。

例えばファストファッションのデザイナーとのコラボ商品は見逃せません！

全国的に（場合によっては世界的に）展開することでコストが下がるうえ、デザイナー側から厳しくチェックが入るので、値段以上の品質の物が手に入ります。

最近の成功例を紹介しましょう。

ユニクロでは、ジルサンダーとのコラボが有名ですね。

私はロエベのディレクターとして人気のＪＷアンダーソンとのコラボのコットンワンピースをネットで購入。フィット＆フレアの着やすいデザインで色も黒なので便利です。

また人気デザイナー黒河内真衣子（マメ）の3Dニットのトップス、スカート、パンツを購入しました。しっかりした編み地でラインもキレイです。

上下でセットできればワンピースのようにも見え、長く愛用できそうです。日常生活にはもちろん、旅行にも便利ですね。

価格もそれぞれのデザイナーのブランドの10分の1くらいなので、迷わず買うことができます。もちろんメインラインの服との相性もバッチリです！


ユニクロとのコラボデザイナーは多岐に亘っています。私が実際に購入して良かったのは、10年以上前の、カリーヌ・ロワトフェルドとのコラボです。フランス版ヴォーグの編集長も勤めたカリーヌは、スタイリッシュな着こなしで有名でした。

日常着を得意とするユニクロとのコラボレーションがどうなるか、興味津々でした。

実際の商品ラインナップは、カリーヌの意見が反映されていました。

レザーライクなライダース、シェイプしたチェスターコート、フィットしたラインのブルゾンやタイトスカートなど、それまでのユニクロとはまったく違うラインナップに驚きました。本人の顔をイラストにしたTシャツの素材のしなやかさは、格別と言えるでしょう。

継続的にコラボしたクリストフ・ルメールや、イネス・ド・ラ・フレサンジュのラインなど、パリのおしゃれセレブとのコラボレーションが多かったです。

ちょうどパリにユニクロの大型店がオープンした時期との兼ね合いもありそうです。

ファストファッションの西の代表といえばH＆Mですが、コラボレーション歴も多彩です。カール・ラガーフェルド、ヴィクター＆ロルフ、ロベルトカヴァリ、ランバン、ソニアリキエル、ヴェルサーチ、マルニなど。さすがにヨーロッパのブランドだけあって、様々なデザイナーと組んでいますね。あの頃はネット販売が進んでいなくて、初日に店頭に何時間も並ばないと買えない時代だったので、なかなか購入することはできませんでした。

唯一のチャンスは、たまたまH＆Mの取材でスウェーデンのストックホルムを訪れていた時です。ちょうど、マリメッコとのコラボレーションの発売日に皆で見に行きました。

マリメッコのグラフィックな柄のTシャツや、ワンピースなどが2000～5000円くらいだったので、大勢が並んで購入していました。

最近では、円安の影響で海外デザイナーブランドが値上がりしているので、一流デザイナーをお手頃価格で入手できるコラボ企画は大歓迎です。機会があれば、いろいろ試してみましょう！

おすすめリスト

□スタイリング

イセタン スタイリング ローブ

パーソナルカラー診断・骨格スタイル分析®などの専門資格を持つスタイリストが、診断結果をもとにあなたの魅力が引きたつ「似合うスタイリング」をご提案します。
https://www.mistore.jp/shopping/feature/women_f3/personal_consulting_w

松屋銀座ファッションコンサルティングサービス

"ファッションのプロ"が、"あなたのためだけ"のスタイリングを提案するサービス。コンサルタントと一緒に店内を廻りながら最適なスタイリングをアドバイスします。
https://www.matsuya.com/ginza/services/fashionconsulting/

Fashion Rescue　政近準子

パーソナルスタイリスト創始者。スタイリスト育成校 PSJ 経営。著書多数。
https://fashion-rescue.com

SPSO JAPAN

スタイリングアドバイス、ショッピング同行、クローゼットチェック、パーソナルカラー診断。https://www.spso.jp/

NORH

ライフスタイル、ワードローブ分析の後、スタイルイメージを提案。買付からファッションスタイリング、ジュエリー提案までトータルでサポート。
https://www.norh.jp/

□レンタル

アナザーアドレス

百貨店が運営するので、様々なブランドが借りられます。仕事着からパーティウエアまで幅広いラインナップが人気。
https://www.anotheraddress.jp/

エアークローゼット

ブランドから認定を受けたファッションレンタルサイトとして2014年にスタート。80万人が登録。診断を元に、洋服が届きます。表参道のショップでも試せます。
https://www.air-closet.com/

メチャカリ

プロのスタイリストが選んだ服が届くファッションサブスクサービス。月額定額で新品の服が届くので中古品に抵抗がある方にも。
https://mechakari.com/

ラクサス

定額制でブランドバッグをレンタルできるサブスクサービス。
https://laxus.co/

CHAPTER 6

［第六章］

あなたの着こなしを際立たせるプラスアルファ

姿勢、表情、メイク、髪型　年齢をトータルにアップデイト

おしゃれに見える秘訣は、体型？　顔立ち？　それとも？

何となく、おしゃれに見える人っていますよね。

特に美人でもスタイル抜群でもなく、最新トレンドで決めているわけでもない――。

気をつけて観察すると、いくつかのことに気付きます。


ひとつは姿勢が良いことです。

歩いている時はもちろん、座っている時、食べている時、どんな時でも、すっと背筋が伸びていて膝が曲がっていないと、キレイに見えます。逆に、猫背で背筋や膝が曲がっているだけで、老けて貧相に見えてしまいます。

洋服が似合う体型って？

おしゃれをするためにダイエットしたことはありませんか？

モデルやインフルエンサー達が素敵なのは痩せてスタイルが良いから、と思う気持ちはよくわか

177
POINT
黒のセーターから
肩を見せて、
自分だけの
アシンメトリー
スタイルを。
Aivita Muse

ラトビア出身のアイヴィタ・ミューゼは、177センチの長身と金髪が目を引く。
オフショルダーのニットで抜け感を演出。フレアパンツで長さを強調。

ります。わたしも10~20代の頃は痩せたい一心で、いろいろなダイエット法にトライしました。炭水化物や脂質を減らす、カロリー計算をする、週末はフルーツだけ、など良いと言われる方法はすべて試してみたものです。これらの方法で一時的に体重を減らすことはできました。ところが落とし穴があったのです！

まずダイエット中の抑圧感は顔に出ます。顔のツヤも減って肌はがさがさし、なんだか冴えない表情になりがち。さらに、カロリー制限をしていると活力が減って、動くのが億劫になります。結果、体重は減ったけれど筋力も減ってしまうのです。

しっかりとバランスの良い食事をとり、たくさん動きましょう。移動する時もできるだけ歩き、定期的にスポーツやフィットネスに親しんでください。

私自身も筋力が低下して膝が痛くなったことがあり、最悪の状態でした。痛いから動かない、結果的に筋力が衰える、という負のループに陥りました。

なんとか良いドクターに出会い、半年がかりでリハビリしました。はじめは膝への衝撃を鑑みてプールで水中歩行を20分。慣れたら、地上をゆっくり散歩で20分。次はなるべく早く歩いて移動。と少しずつ強度をあげるうちに少しずつ筋力がついてきて動くのが苦にならなくなったのです。結果として姿勢も整ってきました。

いま振り返ると、こうした不調は年齢的にも引き起こされます。40代から50代にかけては、仕事の責任が重くなり過労になりやすい上、家庭でもいろいろと忙しくなる方が多いと思います。さらにホルモンのバランスが崩れやすい時期と重なるので大変です。不調が続いたら、一度信頼できるドクターに相談してみましょう。

顔立ちより表情！　笑顔は強力です

体調と姿勢を整えたら、次は顔です！

初対面で一番印象に残るのは、なんと言っても顔です。といっても顔のパーツの良し悪しではなく、表情の豊かさが大切です。笑顔で挨拶することが基本ですね。緊張して顔がこわばるとか、うつむき加減はマイナスイメージを与えます。

いくら時間とお金をかけてメイクアップをしても、暗い表情では台なしです。逆に薄化粧でも、笑顔が印象的で生き生きとした表情なら良い印象を与えられるのです。

私は編集長時代に、海外のＶＩＰとの面談が時に頭痛のタネでした。たいてい朝早い時間にブレックファーストミーティングとして設定されていました。低血圧で夜型なので、朝はボンヤリとして頭がテキパキとは働きません。

また経営者の方はビジネススーツを着て参加されます。きちんと見えて自分らしい服装を選び、先方の会社のブランドのバッグやアクセサリーを探すのは、ひと仕事です。

しかも多くの場合、オフの時間なので通訳がつきません。英語もフランス語も堪能ではないので苦行でしたが、あるとき開き直って臨んでみました。

せっかく世界のビジネスを仕切っている方と食事できるなら、こちらからも色々聞いてみようと思い、笑顔で挨拶！　いろいろな話を聞くことができ楽しいひと時でした。

どんな偉い方でも、有名な方でも、明るい笑顔で接すればなんとかなる！　私が得たシンプルな教訓なのです。

この教訓は、逆の立場で検証されました。

雑誌社にいる時には、採用面接に立ち会う機会が多かったのですが、たいていの場合、はじめの1～2分が勝負でした。笑顔で挨拶ができ、自己アピールをテキパキできた場合の成功率はかなり高いのです。

聞いている側の緊張感が緩むのでしょうか。それほど立派な話術でなくても。明るい笑顔で挨拶ができ、自分の言葉で仕事への意欲を示すと、「一緒に仕事したい」と思わせるようで、採用率も高かったと記憶しています。

髪と肌のケアは、先手必勝です！

40代からの悩みと言えば美容に関することが急増します。

髪の毛のツヤが減り、抜け毛が気になり、クセや白髪が増えてショック。

肌も同様で、ハリやツヤが以前よりなくなり、たるみが気になってきます。日焼けしたらシミになり、なかなか消えません。気がつくとアンチエイジングの記事や広告に目が……。

私もある日、肌老化に気付きギョッとしたことを覚えています。寝不足のくすんだ肌をカバーしようと、ファンデーションを塗っていたら目尻の小皺に入り込んでしまい、カバーしようとパウダーをつけるとさらに浮いてきたのです。やりなおす時間はなく出かけましたが、一日中憂鬱な気分でした。

個人差はありますが、30代後半から少しずつ老化が始まり、45歳ごろに気になってくるのが平均的でしょうか。肌を若く美しく保つことは、言うまでもなく大切です！

大きなトラブルがなければ、基本的なスキンケアをしっかりとしていれば大丈夫です。高価なクリームをチビチビ使うより、予算が許し、肌質に合う製品を見つけて惜しげもなく使いましょう。

まずはクレンジング。メイクをしっかり落として、泡立て洗顔します。少しでも汚れが残ると、吹き出物やシミの原因にもなるのでどんなに疲れて帰宅しても忘れないでください。

その後はたっぷりローションをなじませ、水分が蒸発しないよう乳液やクリームで蓋をします。使うアイテムや順番はメーカーや肌質によって変わるので、一度きちんと肌質チェックをしてみてください。

吹き出物が長引く、日焼け後のダメージがひどいなど、肌の不調が続くときは、迷わずに皮膚科に行ってください。

原因に対応する製品や薬が処方してもらえるので安心です。シミやイボなどはレーザーで除去してくれるので化粧品より即効性があります。健康保険が使えるクリニックなら、お財布にも優しいですね。

肌を整えたら、夏でなくても日焼け止めを顔から首、腕と手の甲に塗ります。ご存知かと思いますが、紫外線による光老化は深刻で、シミ、くすみはもちろん、シワやたるみの原因にもなります。先手必勝！　日焼け止めは、つねにバッグに入れておきましょう。

髪の日焼けも気づかないうちに進みます。直射日光を浴びるときには、帽子か髪用の日焼け止めスプレーもお忘れなく。またパーマやヘアカラーでも髪は傷むので、良質なシャンプーとトリートメント、ドライヤーを使うときのケア製品は大切です。

はじめはヘアサロンであなたの髪質に合うケア製品を推薦してもらうのがオススメです。なぜならシャンプーとドライする時にあなたの髪に触れているので、適切なアドバイスをもらえるはず。スタイリング剤も推薦してもらいましょう。購入はネットでもドラッグストアでも。都合に合わせて選びましょう。

髪と肌がキレイになると、好循環が始まります。お化粧のノリが良くなり、髪がまとまりやすくなるので、ストレスも身支度の時間も、軽減されます。鏡に映る自分にホッとするので、表情がやさしくなり、周りからの評判があがってきます。

「最近キレイになったね」と言われると自信が持てるようになり、メイクアップも楽しくなってくるはず。

ただ、大人にしっかりメイクは禁物です。

黒のアイラインは目を囲むように描くと、目がくぼんでしまい逆効果です。慣れないうちはブラウンやグレー、ネイビーなどをぼかして重ねていきます。はじめは目の上の際にサラリとラインを入れ、少しずつ長さを足して様子を見ます。小さい鏡で目元だけ見て描くのは危険です。顔全体が映る鏡でバランスを見て、目元だけコッテリしていないかチェックしましょう。

頬に入れるチークカラーもふんわり軽めに入れ、血色を良く見せる程度にします。

口紅も輪郭をしっかり描かずに、自然な輪郭にほのかなツヤ感を出すのが上品です。色選びはピンクベージュや、渋めのオレンジはいかがでしょう。

真紅のリップは昼のオフィスには難しいので夜の外出やグロスだけにとどめることも良いですね。

また、年を重ねるほど気を配りたいのは髪型です。昔と同じスタイルは危険。髪質や毛量も変わるので、上手にアップデートしましょう。

一般的に、髪が弱く少なくなるので、ストレートのロングヘアが似合わなくなるようです。同じストレートでも、顎までのボブスタイルでシャープに決めてはいかがでしょう?

ウェーブを楽しみたい場合も肩より短いほうが素敵です。

悪いことばかりではありません。

私は30代までは、太くて硬い髪質に悩んでいました。髪が伸びてくると広がって収拾がつかず、梅雨の時期にはクセ毛がひどくなって、シャンプー後はドライヤーで完全に乾かさないとはねてしまっていたのです。

ところが40代後半ごろから、毛量が少しずつ減り扱いやすくなりました。また肌の皮脂も減ったおかげで、ニキビや吹き出物がほとんどできなくなり、ファンデーションを安心して塗れるようになりました。

自分の肌や髪と上手に付き合って、おしゃれ上手を目指したいものです。

エピローグ

最後までお読みいただき、ありがとうございました。
なにか参考になることを見つけていただけたらこの上なく幸いです。

長年に亘りモード誌の編集をしていた私にとって、一冊の本を書くのは初めてのこと。どんなテーマに絞って書くのが良いか、あれこれ迷っていました。

フランス雑誌で培ったパリジェンヌのおしゃれ術も、アメリカのメディアで経験したニューヨーク的な合理性もお伝えしたいし、いまの気分を伝えるおしゃれ達人の紹介もしたいなど、コンテンツ案が広がるなかで、ふと思いついた言葉が『エッセンシャル』でした。

ベーシックともミニマルとも違う、「本質的な」「必要不可決な」を意味する言葉「エッセンシャル」は、洋服を選ぶ時に、良く使われる言葉ではありません。「流行の」とか「映える」などの形容詞は、あくまで他者の視点から発生しますが、エッセンシャルという言葉はより主体的な言葉だからです。

多くの人に共通するエッセンシャル・アイテムはありますが、エッセンシャル・ワードローブは、人それぞれです。生活のパターンや仕事、好みによって様々な展開が可能です。

あなたにとってのエッセンシャル・ワードローブへの一歩は見えてきましたか？

思い入れのある手持ちのアイテムを削る作業は楽ではありません。

購入した時のワクワク感や、着た時の高揚感など、過去の記憶と結びついているだけに処分は躊躇すると思いますが、思い切りましょう！


またサイズが合わなくなり、似合わなくなった服も手放しましょう。

有名ブランドでも、人気完売品でも、今のあなたに合わない物は不要なのです。

手放したあとに残った物こそ、あなたにとって本当に必要なアイテムです。

「必要で、好きで、似合う」三拍子そろったアイテムだけのワードローブは、あなたの最強の味方として、毎日活躍してくれるはずです。


外出の度に着るものが決まらずにイライラする。

たくさん持っているのに、着るものはいつも同じ。

気張って買った物が手持ちの服に合わない。

そんな毎日から解放されると思います。

私もこの2年間で、段ボール箱3~4個分の洋服処分を断行。
満杯のクローゼットに空間が生まれて、持っている服が見渡せるようになりました。
靴とバッグも、2年間使わなかった物は知人に譲るか、サイトで売却しました。
窮屈に置かれていたバッグと靴類は、ゆったり配置され探しやすくなったのです。
探し物をする時間が減ると、なんてラクなのでしょう！　なんだか解放された気分で嬉しくなりました。

もっともっと削減して、本当に必要なアイテムを少しずつ足して、究極のエッセンシャル・ワードローブを完成する日が楽しみです！

最後に、センスの良いデザインに仕上げてくださったデザイナーの石井洋光さんに、心から感謝をお伝えします。

また、パリの最旬スナップを送ってくださった紀中氏の写真なくしては、最新のファッショニスタのおしゃれが紹介できませんでした。

皆さま、本当にありがとうございました。

令和5年2月　森　明子

森明子

上智大学 外国語学部 フランス語学科卒業。WWDジャパンを経て、フィガロジャポン創刊副編集長。その後エル・ジャポン編集長に就任し15年間に、エル・ガール、エル・マリアージュなどを創刊する。ハーパーズ バザー新創刊の総編集長を務めた後、エル発行人に就任。2018年に独立、株式会社 DEMAIN（ドゥマン）設立。国内外のファッション、美容、ライフスタイルのコンサルティングやプロデュースを行う。

写真(パリスナップ)／紀中祐介

「好《す》き」で「使《つか》える」服《ふく》は10年《ねん》で10着《ちゃく》
エッセンシャル・ワードローブの作《つく》り方《かた》

2023年3月28日　第一刷発行

著　者　森《もり》 明《あき》子《こ》

発行者　鈴木章一
株式会社 講談社
〒112-8001　東京都文京区音羽2丁目12-21
（販売）03-5395-3606　（業務）03-5395-3615

編　集　株式会社講談社エディトリアル
代　表　堺公江
〒112-0013　東京都文京区音羽1丁目17-18
護国寺SIAビル
（編集部）03-5319-2171

KODANSHA

装丁・本文デザイン　石井洋光（KREAM）
印　刷　株式会社KPSプロダクツ
製　本　株式会社国宝社

NDC593　19cm 191p
ISBN978-4-06-531128-8